10 Lições sobre
KANT

Dados Internacionais de Catalogação na Publicação (CIP)
(Câmara Brasileira do Livro, SP, Brasil)

Leite, Flamarion Tavares
    10 lições sobre Kant / Flamarion Tavares Leite. 9. ed. – Petrópolis, RJ : Vozes, 2015. – (Coleção 10 Lições)

3ª reimpressão, 2019.

ISBN 978-85-326-3421-4
Bibliografia.
    1. Kant. Immanuel, 1724-1804 – Crítica e interpretação I. Título.

06-7777   CDD-193

Índices para catálogo sistemático:
    1. Kant : Filosofia alemã   193

Flamarion Tavares Leite

10 Lições sobre
KANT

EDITORA
VOZES

Petrópolis

© 2007, Editora Vozes Ltda.
Rua Frei Luís, 100
25689-900 Petrópolis, RJ
www.vozes.com.br
Brasil

Todos os direitos reservados. Nenhuma parte desta obra poderá ser reproduzida ou transmitida por qualquer forma e/ou quaisquer meios (eletrônico ou mecânico, incluindo fotocópia e gravação) ou arquivada em qualquer sistema ou banco de dados sem permissão escrita da editora.

CONSELHO EDITORIAL

Diretor
Gilberto Gonçalves Garcia

Editores
Aline dos Santos Carneiro
Edrian Josué Pasini
Marilac Loraine Oleniki
Welder Lancieri Marchini

Conselheiros
Francisco Morás
Ludovico Garmus
Teobaldo Heidemann
Volney J. Berkenbrock

Secretário executivo
João Batista Kreuch

Editoração: Elaine Mayworm
Diagramação e capa: AG.SR Desenv. Gráfico

ISBN 978-85-326-3421-4

Editado conforme o novo acordo ortográfico.

Este livro foi composto e impresso pela Editora Vozes Ltda.

Duas coisas enchem o ânimo de admiração e veneração sempre novas e crescentes, quanto mais frequentemente e com maior assiduidade delas se ocupa a reflexão: o céu estrelado acima de mim e a lei moral dentro de mim.

(Kant. *Crítica da razão prática*)

Sumário

Lista de abreviações, 9

Lista de gráficos, 11

Prefácio, 13

Introdução, 15

Primeira lição – O provinciano universal, 23

Segunda lição – A teoria do conhecimento, 36

Terceira lição – Razão prática e direito, 55

Quarta lição – A filosofia do direito, 66

Quinta lição – A liberdade, 77

Sexta lição – Moral e direito, 82

Sétima lição – Coação e direito, 98

Oitava lição – Divisão dos deveres e direitos, 109

Nona lição – Autonomia da vontade e direito, 115

Décima lição – Direito natural e direito positivo, 119

Conclusão, 123

Referências, 129

Lista de abreviações

Bd: Band (tomo, volume).

CRP: *Crítica da razão pura*.

Gemeinspruch: *Über den Gemeinspruch: Das mag in der Theorie richtig sein, taugt aber nicht für die Praxis* (Sobre o ditado: talvez isto seja correto em teoria, mas não serve para a prática).

Grundlegung: *Grundlegung zur Metaphysik der Sitten* (Fundamentação da metafísica dos costumes).

Idee zu einer allgemeinen Geschichte in weltbürgerlicher Absicht (Ideia de uma história universal do ponto de vista cosmopolita).

KpV: *Kritik der praktischen Vernunft* (Crítica da razão prática).

KrV: *Kritik der reinen Vernunft* (Crítica da razão pura).

KU: *Kritik der Urteilskraft* (Crítica da faculdade do juízo).

MdS: *Die Metaphysik der Sitten* (Metafísica dos costumes).

Prolegomena: *Prolegomena zu einer jeden künftigen Metaphysik, die als Wissenschaft wird auftre-*

ten können (Prolegômenos a toda metafísica futura que queira apresentar-se como ciência).

Rechtslehre: Metaphysische Anfangsgründe der Rechtslehre (Princípios metafísicos da doutrina do direito).

Tugendlehre: Metaphysische Anfangsgründe der Tugendlehre (Princípios metafísicos da doutrina da virtude).

ZeF: *Zum ewigen Frieden. Ein philosophischer Entwurf* (À paz perpétua. Um projeto filosófico).

LISTA DE GRÁFICOS

Gráfico 1 – Obras de Kant, 28

Gráfico 2 – O criticismo kantiano, 37

Gráfico 3 – O conhecimento, 40

Gráfico 4 – Juízos analíticos e sintéticos, 45

Gráfico 5 – Juízos *a priori* e *a posteriori*, 46

Gráfico 6 – A grande descoberta de Kant, 47

Gráfico 7 – Quadro-resumo, 48

Gráfico 8 – As formas *a priori*, 49

Gráfico 9 – Objeto do conhecimento, 52

Gráfico 10 – Estrutura da *Crítica da razão pura*, 53

Gráfico 11 – Classificação das ações, 58

Gráfico 12 – Classificação dos imperativos, 59

Gráfico 13 – Estrutura da *Metafísica dos costumes*, 69

Gráfico 14 – *Metafísica dos costumes*, 84

Prefácio

A síntese, clara e precisa, é uma arte de difícil domínio. Ao dispensar a análise que desdobra o tema em subtemas e busca a globalidade pela extensão, o sintetizador corre o risco das simplificações que tudo dizem e tudo falseiam.

Este livro é um bom exemplo de arte sintética. O autor conduz o leitor, em poucas palavras, pelo labirinto intrincado das análises kantianas. O risco das simplificações é enfrentado com habilidade. A referência constante aos originais permite um controle das afirmações. E a escolha das noções é suficientemente adequada para uma iniciação.

A teoria do direito de Kant foi uma base importante do renascimento da filosofia jurídica, promovida pelos neokantianos alemães, de Baden e Marburgo, no início do século XX. E o neokantismo teve grande repercussão nos estudos jusfilosóficos no Brasil, mormente na obra de Miguel Reale.

Não obstante, as pesquisas sobre a doutrina do direito do próprio Kant nunca mereceram maior dedicação do que a referência em apanhados gerais dentro de livros abrangentes de outros autores e escolas, ou em artigos em revistas especializadas. De qualquer modo, ainda que na forma de exposições sintéticas, o acesso do estudante brasileiro ao comentário direto nunca foi atendido por aquele tipo de publicação.

Esta é, sem dúvida, uma lacuna que este pequeno livro vem suprimir. O autor faz uma apresentação cuidadosa do tema ou dos temas conexos, procurando ater-se aos originais de Kant como base de sua exposição, evitando, com isso, aquelas leituras de segunda mão que acabam resumindo resumos dos outros. Ao contrário, os tópicos abordados resultam de uma escolha própria, a partir da leitura dos textos mesmos de Kant.

Ao concentrar-se na *Metafísica dos costumes*, imprime ao seu trabalho uma abordagem bastante específica, evitando tomar a doutrina jurídica como um subproduto da razão prática. Contrariamente, mostra-lhe o relevo dentro da ética kantiana, valorizando o direito como um conceito básico. Com isto, oferece uma importante chave para aqueles que desejam iniciar-se nos temas da jusfilosofia moderna.

Tercio Sampaio Ferraz Junior

Introdução

Kant, conhecido como o Filósofo das Três Críticas – *Crítica da razão pura* (1781), *Crítica da razão prática* (1788) e *Crítica do juízo* (1790) –, desenvolveu, ao lado de uma filosofia teórica, preocupada com a razão especulativa, uma filosofia prática cujo desdobramento tem importante consequência para o seu pensamento ético e – talvez principalmente – para a sua filosofia do direito, aprofundada de maneira sistemática na *Metafísica dos costumes* (*Die Metaphysik der Sitten*), obra dividida em duas partes: a *doutrina do direito* (Rechtslehre) e a *doutrina da virtude* (Tugendlehre).

Com esse asserto, queremos consignar que a doutrina do direito aperfeiçoa o conjunto da obra de Kant – dele não podendo nem devendo ser isolada –, confirmando, ademais, a inspiração crítica e coroando o ordenamento lógico do sistema.

É interessante notar que o maior obstáculo para o entendimento da teoria do direito foi criado precisamente pela tradição kantiana, a qual a julgou um apêndice da filosofia crítica, bem como um resultado de novos interesses surgidos nos últimos anos da vida do filósofo, além de vê-la como fruto de uma incompreensão de Kant, como uma recaída no dogmatismo que ele havia refutado em sua teoria do conhecimento.

Nos inícios da contemporaneidade, mais exatamente na segunda década do século XX, esse *veredicto* foi reformado, abrindo-se o campo para uma verdadeira compreensão da filosofia do direito kantiana que, liberta daquelas estreitas interpretações, alçou-se ao primeiro plano da reflexão científica, percebendo-se um contínuo esforço tanto para clarificar seu significado intrínseco como para delimitar o lugar que ocupa no curso das ideias jusfilosóficas[1].

Precipuamente por isso, mas também por considerar que a doutrina jurídica kantiana vem adquirindo novos espaços na reflexão sobre a sociedade contemporânea, sobretudo para o repensar dos problemas fundamentais da ciência jurídica e dos pressupostos filosóficos do direito, visamos, com o presente livro, à apreensão do conceito de direito, tal como empreendido na *Metafísica dos costumes*, intentando alcançar a dimensão que lhe deu o filósofo prussiano e determinar a importância que tem para o conjunto da sua obra, sobremodo quando considerada a renovação da filosofia do direito a partir de então.

---

[1]. O ponto de partida para esse novo *veredicto* foi a publicação de um trabalho de W. Metzger sobre a Teoria do Direito e do Estado no idealismo alemão – *Gesellschaft Recht und Staat in der Ethik des deutschen Idealismus*, Heidelberg, 1917, p. 45ss. (cf. VICÉN, Felipe González. *Introducción a la teoria del derecho*, p. 23).

Razão por que buscaremos, nestas *Lições*, apreender no sistema kantiano as etapas e passagens necessárias de um pensamento que se inicia com a crítica da razão filosófica pura, adentra os ditames da razão prática para, por fim, ter seu desenlace na "razão jurídica" que, de resto, parece-nos subjacente a toda preocupação especulativa do Filósofo das Três Críticas. Efetivamente, como bem consigna Felipe González Vicén[2], a ideia de uma *metafísica dos costumes*, que haveria de abarcar também os princípios mais gerais da ciência jurídica, forma parte integrante do sistema da filosofia crítica, tal como Kant tentou desenvolver depois de assentar os fundamentos da teoria do conhecimento na *Crítica da razão pura*. A estrutura de tal sistema, que haveria de ser formado por conceitos puros deduzidos racionalmente das condições de possibilidade da experiência, compreendia como partes essenciais uma metafísica da natureza, que conteria os princípios puros do conhecimento científico-natural, e uma *metafísica dos costumes*, que deveria abarcar os princípios puros do exercício da razão prática no campo da Moral e do Direito.

Por outro lado, como anota Adela Cortina Orts[3], as metáforas kantianas de tipo jurídico-político – referentes ao tribunal da razão, à disputa pelas pretensões, ao direito sobre determinados conhecimen-

---

2. Cf. *Introducción a la teoria del derecho*, p. 9.
3. Cf. *Estudio preliminar*, XXIV.

tos, ao estado de natureza, à guerra como meio para resolver as disputas, ao estado legal, ao processo e à sentença como procedimento para obter uma paz duradoura[4] – não constituem meras analogias, mas atestam que a *razão filosófica* é para Kant *razão jurídica*[5]. Aliás, o próprio Kant fala de "uma razão superior e judicial"[6].

Com efeito – insiste Cortina Orts –, a razão filosófica não é um órgão receptivo, mas uma instância que estabelece espontaneamente o direito em nível cognoscitivo: cria demarcações epistemológicas e constrói um marco para decidir entre as pretensões de conhecimento que se apresentam[7]. Assim, o idealismo transcendental é aquela posição filosófica que resolve "judicialmente" as disputas nascidas em torno das pretensões da razão de possuir determinados conceitos legitimamente – de não havê-los usurpado –, afirmando que tese e antítese são verdadeiras, desde que sejamos capazes de assumir a perspectiva que faz verdadeira uma e outra. Permanecer aprisionado em uma só delas conduz irrevogavelmente a antinomias.

Por sua vez, Goyard-Fabre aponta que

> o fim da metafísica ontológica e a formulação do problema crítico correspondem a

---

4. Ibid.
5. Ibid.
6. *KrV*, Transzendentale Methodenlehre, Bd. 4, p. 631 (B 767).
7. *Estudio preliminar*, XXIV.

> uma inspiração profundamente jurídica. [...]
> As três *críticas* demonstram, portanto, a unidade do sistema: o conhecimento, a ação e o gosto obtêm na jurisdição da razão sua estrutura e sua validade. A ideia do direito é o fio condutor da filosofia crítica, teórica e prática[8].

Acrescentamos, por oportuno, que Kant demonstra uma preocupação com o direito em referências expressas, tais como:

> Sem dúvida que o conceito de *direito*, de que se serve o senso comum, contém o mesmo que a mais sutil especulação dele pode extrair; somente no uso vulgar e prático não há consciência das diversas representações contidas nesse pensamento. Não se pode dizer, por esse motivo, que o conceito vulgar seja sensível e designe apenas um simples fenômeno, pois o direito não pode ser da ordem do que aparece; o seu conceito situa-se no entendimento e representa uma qualidade (a qualidade moral) das ações, que elas possuem em si mesmas[9].

Ou,

> Quando os jurisconsultos falam de direitos e usurpações, distinguem num litígio a questão de direito (*quid juris*) da questão de fato (*quid facti*) e, ao exigir provas de ambas,

---

8. *Kant et le problème du droit*, p. 9-10.

9. *KrV*, Transzendentale Ästhethik, Bd. 3, p. 88 (B 61).

> dão o nome de *dedução* à primeira, que deverá demonstrar o direito ou a legitimidade da pretensão. [...] Há, no entanto, conceitos usurpados, como os de *felicidade*, de *destino*, que circulam com indulgência quase geral, mas acerca dos quais por vezes se levanta a interrogação: *quid juris*? E então ficamos não pouco embaraçados para os deduzir, já que não se pode apresentar qualquer claro princípio de direito, extraído da experiência ou da razão, que manifestamente legitime o seu uso[10].

Ou, por último, "os juristas procuram ainda uma definição para o seu conceito de direito"[11].

Dessa forma, inobstante a "razão jurídica" não ser uma expressão de Kant, pretendemos que a juridicidade é subjacente a toda sua preocupação especulativa. Em outras palavras, a formulação do problema crítico corresponderia a uma inspiração acentuadamente jurídica, não sendo por acaso que a metafísica do direito seja exigida como um sistema que emana da razão[12].

---

10. *KrV*, Transzendentale Analytik, Bd. 3, p. 124 (B 115).

11. *KrV*, Transzendentale Methodenlehre, Bd. 4, p. 625 (B 759).

12. "Todo o esforço de Kant tende a substituir ao *estado de natureza* um *estado jurídico* em que a guerra será trocada pelo processo e a vitória por uma sentença arbitral. Kant, no mais íntimo do seu ser e do seu gênio, é o *homem do direito*. Ao estudá-lo separadamente, filósofos e juristas não souberam de modo algum descobrir a unidade de sua inspiração. Plagiando uma forma de Bossuet que se aplicava à ordem, poder-se-ia dizer: o direito é amigo da razão e o

Demais disso, estamos que para compreender certas noções fundamentais ao nosso estudo necessário se faz considerar a concepção kantiana do conhecimento. Com essa assertiva, julgamos estar justificada a nossa pequena – mas imprescindível – incursão pela epistemologia de Kant, posto que só assim conseguiremos fazer entender como, por exemplo, a forma *a priori* da razão prática é o *Dever* e o juízo sintético que daí procede ou, ainda, como é possível uma proposição prática sintética *a priori*, isto é, admitir um possível uso sintético da razão pura prática, para estabelecer que o conceito de moralidade tem por base a autonomia da vontade, que também é fundamento do direito.

Em seguida, procuraremos explicitar a ideia de liberdade em sua relação com a vontade, a distinção entre moral e direito e a coercibilidade como nota característica deste último.

Também serão abordados temas referentes à divisão dos deveres e direitos, à autonomia da vonta-

---

seu próprio objeto. Ou, em termos modernos, a razão é normativa. O seu caráter essencial não é o conhecimento do fato mas a imposição do direito. Nisso consistirá, em Kant, a passagem do homem a Deus. E por direito deve entender-se não o direito positivo, que é arbitrário e contingente, mas o direito natural, o direito da razão: o direito positivo contém em si mandamentos, mas o direito natural contém leis. Por isso existe, para lá da distinção entre a razão especulativa e a razão prática, uma unidade da razão, que é legislação universal. A atitude kantiana nunca é *Quid facti?*, mas *Quid juris?* Donde a noção central de *tribunal da crítica*. Toda a *Crítica da razão pura* não faz senão desenvolver os considerandos de um julgamento" (LACROIX, Jean. *Kant e o kantismo*, p. 16).

de e sua relação com o direito, culminando na distinção entre direito natural e direito positivo.

Sobreleva notar que a liberdade é considerada base de todo o sistema jurídico kantiano, tendo por estabelecido que a *metafísica do direito* é um sistema racional.

Nesse contexto, o direito constituir-se-ia, *dentro dos limites da simples razão*, em legislação universal, cujo fim é a *paz perpétua*, posta a factibilidade de cada homem coexistir livremente com os demais.

Por último, insta observar que as *Lições* deste volume, que incluem vida, escritos e influência de Kant, podem ser lidas tanto sequencial – o que é melhor para a compreensão da obra – como isoladamente, tomando-se aleatoriamente qualquer tema de interesse do estudante, pois, embora interligados, os assuntos guardam independência entre si.

Primeira Lição

O provinciano universal

Immanuel Kant nasceu no dia 22 de abril de 1724, em Königsberg (Prússia Oriental)[13], na rua dos seleiros, onde seu pai exercia esse ofício. Filho de Johann Georg Kant, homem laborioso, honesto, que tinha horror à mentira, e de Anna Regina Reuter, mulher profundamente religiosa, que ministrou-lhe sólida educação moral e, antes de morrer, internou-o no Collegium Fridericianum, dirigido por Francisco Alberto Schultz – fervoroso adepto do pietismo –, Kant afirmava que seus antepassados provinham da Escócia e que seu pai escrevia o sobrenome com C (Cant), razão por que o filósofo decidiu adotar o K inicial, evitando que se pronunciasse *Tsant*[14].

Kant permaneceu no Fridericianum pelo espaço de nove anos, de 1732 a 1740, ano em que ingressou

---

13. A provinciana cidade de Königsberg contava na época cerca de cinquenta mil habitantes.

14. Cf. BOROWSKI, L.E.; JACHMANN, R.B. & WASIANSKI, E.A. *Kant intime*. 1985, p. 35.

na universidade, onde foi profundamente influenciado por Martin Knutzen, conhecido por seus bem acolhidos escritos, pietista como Schultz e discípulo de Wolff, cujo método é um racionalismo sistemático, que se esforça por julgar tudo à mão de princípios – e não de sentimentos – e por deduzir logicamente cada proposição. Tal será a atitude de Kant[15]. Não por outro motivo, quando penetramos no frio castelo de mármore do pensamento kantiano percebemos a argumentação estrita e o proceder científico de Wolff, o maior dos dogmáticos, nas palavras do metódico e pouco romântico professor Kant.

A Knutzen deveu Kant o conhecimento das obras de Newton, que constituíram a prova experimental da possibilidade de uma ciência *a priori* da natureza. É nesse período que o filósofo prussiano publica sua primeira obra – *Pensamentos sobre a verdadeira avaliação das forças vivas* (1747) –, em que procura conciliar as ideias de Descartes com as de Leibniz no tocante à medida da força de um corpo em movimento.

Após a morte do pai (1747), Kant, para ganhar a vida, torna-se preceptor, função que exerceu durante nove anos. Todavia, prossegue com seus estudos e, em 1755, publica *História universal da natureza e teoria do céu*, na qual trata do sistema e da origem mecânica do universo segundo os princípios de Newton, preludiando a teoria sobre a for-

---

15. Cf. PASCAL, Georges. *O pensamento de Kant*. 1985, p. 14.

mação dos astros, que Laplace iria apresentar quarenta anos depois.

Ainda em 1755, tendo obtido da universidade a "promoção" – espécie de diploma de conclusão de curso –, graças a uma dissertação sobre o fogo, e a "habilitação" – que lhe dá direito a abrir um curso livre –, por uma dissertação sobre os primeiros princípios do conhecimento metafísico, Kant torna-se docente livre (Privatdozent), ou seja, dá cursos livres, financiados diretamente pelos próprios estudantes, ensinando matemática, lógica, moral, física, pirotecnia, teoria das fortificações, enciclopédia filosófica, teologia natural, antropologia, e a doutrina do belo e do sublime.

No decurso desses anos (1755-1770) Kant lê Rousseau, de quem sofre profunda influência, sobretudo nas questões morais, tendo aprendido a não depreciar as inclinações naturais do homem. A ciência física *a priori* como fato, eis o que tinha encontrado em Newton; a moralidade como fato, eis o que Rousseau lhe fez ver[16].

Em 1770, com a *Dissertação sobre a forma e os princípios do mundo sensível e do mundo inteligível*, Kant conquista o posto de professor titular na Universidade de Königsberg. Desde então, preleciona lógica e metafísica, no curso público, e direito natural, moral, teologia natural, antropologia, geografia física, matemática, pedagogia, nos seus cur-

---

16. Cf. BOUTROUX, Émile. *Kant*. 1983, p. 14.

sos privados. Após a *Dissertação de 1770*, Kant é absorvido pelo problema da crítica do conhecimento humano, todavia levará mais de dez anos para dar forma à sua filosofia. Assim, em 1781, em Riga, faz publicar a *Crítica da razão pura*, um dos monumentos do espírito humano.

Com a publicação da *Crítica do juízo* (1790), a filosofia kantiana pode considerar-se completa. Após essa data, duas grandes obras, que não irão modificar a linha geral do pensamento kantiano, serão publicadas: *A religião dentro dos limites da simples razão* (1793) e *Metafísica dos costumes* (1797)[17].

A partir de 1790 suas forças começaram a declinar e em 1797 deixou a cátedra. Continuou a escrever e trabalhou até os últimos dias numa obra inacabada em que queria explicar a passagem da metafísica da ciência da natureza à física. Morreu num domingo, em 12 de fevereiro de 1804, às onze horas. A sua última frase foi *Es is gut* (Está bem)[18].

As obras de Kant (gráfico 1) podem ser classificadas distinguindo-se três períodos:

---

17. Cf. PASCAL, Georges. Op. cit., p. 17.

18. "Fisicamente, Kant era de compleição frágil, pequeno de estatura, magro; tinha o peito encolhido e os ombros estreitos; de sua longevidade dizia ser obra sua. De fato, sem dar muita confiança aos médicos, adotara, por própria conta, um certo regime de vida a que se atinha com escrupulosa fidelidade. Levantava-se infalivelmente às cinco horas, tomava chá, fumava um cachimbo e trabalhava até as sete horas. Às sete, saía para dar suas aulas – que por vezes somavam vinte e oito por semana –, depois voltava para trabalhar até uma hora da tarde. Seguia-se o almoço, sempre em companhia; conta-se

1º) De 1755 a 1770. Nesse período, as ideias pessoais de Kant ainda não haviam tomado forma. Comunga das ideias filosóficas predominantes na Alemanha, a saber, o racionalismo dogmático de Leibniz, tal como fora desenvolvido e divulgado por Wolff.

---

que um dia, quando ninguém comparecera, quis que seu criado convidasse o primeiro transeunte na rua; a refeição prolongava-se até a metade da tarde. Kant era um conviva agradável; apreciava os bons vinhos, mas não a cerveja, que, segundo ele, era responsável por todas as doenças; à mesa, nunca se falava de filosofia, mas Kant sabia discorrer de maneira interessante sobre qualquer assunto, graças às suas múltiplas leituras e à sua prodigiosa memória. Após a refeição, nunca deixava de dar o seu passeio; isso, como dizia, para meditar e, ao mesmo tempo, respirar pelo nariz. 'Não creio', escreve H. Heine, 'que o grande relógio da catedral de Königsberg tenha cumprido a sua tarefa com mais regularidade do que o seu compatrício Kant. Os vizinhos sabiam ser exatamente três horas e meia quando Immanuel Kant, envergando o seu fato cinzento e empunhando a sua bengala de Espanha, saía de casa para dirigir-se à pequena avenida ladeada de tílias, que até hoje traz o nome de Avenida do Filósofo. Por ela subia e descia oito vezes por dia, qualquer que fosse a estação do ano; quando fazia mau tempo, via-se o seu criado, o velho Lampe, a seguir-lhe os passos, com ar vigilante e preocupado, sobraçando o guarda-chuva'. Uma única vez, para grande espanto dos concidadãos, Kant modificou o seu passeio: foi para ir ao encontro do carteiro que lhe trazia notícias da França, durante a Revolução. De retorno do passeio, lia um pouco, para depois voltar ao trabalho, junto à lareira. Sempre trabalhava nesse lugar, donde avistava, pela janela, a torre do velho castelo de Königsberg. Seus compatriotas chegaram a cortar as árvores que ali haviam crescido, para que não lhe tolhessem o panorama. À noite, dispensava o jantar, e recolhia-se às dez horas. Este homem que, em certos aspectos, poderia dar a impressão de maníaco, era na realidade possuidor de uma extraordinária força de vontade. Trabalhador incansável, consagrou a vida ao estudo, sempre atento em jamais dar a público um pensamento prematuro ou incompleto. Esta probidade intelectual é o traço dominante do seu caráter e, sem dúvida, também de sua filosofia" (PASCAL, Georges. *O pensamento de Kant*. 1985, p. 18-19).

Gráfico 1 – Obras de Kant

Principais obras de Kant (por temas)
- Teoria do conhecimento
  - *Crítica da razão pura* (1781/1787)
  - *Prolegômenos* (1783)
- Moral
  - *Fundamentação da Metafísica dos costumes* (1785)
  - *Crítica da razão prática* (1788)
- Direito
  - *Teoria e prática* (1793)
  - *À paz perpétua* (1795)
  - *A metafísica dos costumes* (1797)
- Religião
  - *A religião dentro dos limites da simples razão* (1793)
- Estética
  - *Observações sobre o sentimento do belo e do sublime* (1764)
  - *Crítica do juízo* (1790)

Entretanto, como o próprio Kant declara no prefácio aos *Prolegômenos*, a leitura de Hume pôs fim a seu "sono dogmático"[19].

A este período pertencem as seguintes obras fundamentais:

1755	*História universal da natureza e teoria do céu.*
1756	*Monadologia física: exemplo do uso da metafísica unida à geometria na ciência da natureza.*
1757	*Programa e anúncio do curso de geografia física.*
1758	*Nova concepção do movimento e do repouso.*
1762	*A falsa sutileza das quatro figuras do silogismo.*
1763	*Ensaio para introduzir em filosofia o conceito de grandezas negativas.*
1764	*Estudo sobre a evidência dos princípios da teologia natural e da moral.*
	Observações sobre o sentimento do belo e do sublime.
1766	*Os sonhos de um visionário esclarecidos pelos sonhos da metafísica.*
1768	*Do primeiro fundamento da diferença das regiões no espaço.*

---

19. *Prolegomena*, Bd. 5, p. 118.

2º) De 1770 a 1790. É só em 1770 que se começa a divisar um primeiro esboço da filosofia kantiana. Com efeito, na *Dissertação de 1770* já se estabelece a distinção entre o mundo dos fenômenos e o mundo dos números, como resultado de uma concepção inteiramente original do espaço e do tempo[20]. Entre 1780 e 1790 vêm a lume as grandes obras de Kant, aquelas que caracterizam o criticismo:

1770	*Da forma e dos princípios do mundo sensível e do mundo inteligível.*
1781	*Crítica da razão pura.*
1783	*Prolegômenos a toda metafísica futura que queira apresentar-se como ciência.*
1785	*Fundamentação da metafísica dos costumes.*
1787	*Crítica da razão pura* (2ª edição).
1788	*Crítica da razão prática.*
1790	*Crítica do juízo.*

3º) De 1790 a 1800. A *Crítica do juízo*, mantendo de pé as premissas fundamentais da filosofia kantiana, confirma a postura contra a metafísica dogmática contida nas *Crítica da razão pura* e *Crítica da razão prática*, encerrando a obra crítica e estabelecendo uma doutrina de filosofia especulativa e moral. Após 1790, outras obras fundamentais, que não

---

20. Cf. PASCAL, Georges. Op. cit., p. 16.

alterarão o fio condutor do pensamento kantiano, serão publicadas:

1791	*Os progressos da metafísica desde Leibniz e Wolff.*
1793	*A religião dentro dos limites da simples razão.*
1795	*À paz perpétua: um projeto filosófico.*
1797	*Metafísica dos costumes.*
1798	*Antropologia do ponto de vista pragmático.*
1800	*Lógica.*

Kant pretendia que a *Crítica*, estabelecendo como princípio a universalidade da razão, fundasse uma paz duradoura na filosofia. Todavia, a sua obra foi acolhida mais como uma declaração de guerra do que como uma celebração de paz. Razão por que, como pontua Émile Boutroux, a filosofia kantiana teve dificuldade em encontrar lugar no terreno ocupado pelas filosofias leibniziano-wolffianas, inglesa, francesa e popular, assim como nas ciências positivas, cada vez mais florescentes[21]. Aliás, o próprio Kant tinha consciência da novidade de sua obra. Com efeito, segundo um testemunho dos *Diários* de Varnhaven von Ense, citado por Heidegger num dos seus Cursos de Marburgo, Kant teria dito, em conversa, num dos últimos anos de sua vida: "Cheguei um século adian-

---

21. Cf. BOUTROUX, Émile. Op. cit., p. 73.

tado com os meus escritos; dentro de um século começarei a ser compreendido e os meus livros voltarão a ser lidos e estudados"[22].

De todos os modos, o kantismo deu origem a um conjunto de grandes sistemas. As filosofias de Fichte, Schelling e Hegel[23] são como graus de uma reflexão contínua sobre os problemas que ele suscita. Demais disso, da fusão do criticismo com outras doutrinas surgiram vários sistemas alemães. Assim, Schleiermacher, aliando Spinoza, Platão e o Cristianismo a Kant, aproxima o ser do pensar e faz do espaço, do tempo e da causalidade formas tanto das coisas como do conhecimento. Schopenhauer restringe aos fenômenos o espaço, o tempo e a causalidade[24].

Em fins do século XIX, a filosofia kantiana influencia um grupo de pensadores que se reuniram sob a denominação de neokantismo[25]. Procurando superar as tendências especulativas do idealismo ale-

---

22. HEIDEGGER, M. *Phänomenologische Interpretation von Kants Kritik der reinen Vernunft*, Frankfurt/aM, 1977, 1, apud SANTOS, Leonel Ribeiro dos. *A razão sensível*. 1994, p. 159.

23. Hegel, na *Ciência da lógica*, assinalou que a filosofia kantiana constitui a base e o ponto de partida da filosofia moderna.

24. Cf. BOUTROUX, Émile. Op. cit., p. 75. Cf., também, JASPERS, Karl. *Les grands philosophes*. 1990, p. 286.

25. Pode-se definir o neokantismo como "um intento de superar tanto o positivismo como o construtivismo da filosofia romântica, mediante uma consideração crítica das ciências e uma fundamentação gnosiológica do saber" (MORA, José Ferrater. *Diccionario de filosofía*. 1971, p. 269).

mão (Fichte, Schelling, Hegel, Schopenhauer), o neokantismo engloba várias escolas: a de Marburgo[26], a de Baden[27], a metafísica (Liebmann, famoso pelo seu *Zurück zu Kant*[28]), a relativista (Simmel), a fisiologista[29] (Helmholtz, Lange), a realista (Riehl, Külpe). Inobstante as críticas de Husserl e Heidegger, pode-se afirmar que a filosofia do direito do século XX nasceu sob o signo do neokantismo.

Na Alemanha contemporânea é manifesta a influência kantiana no projeto de Nietzsche, que se re-

---

26. O neokantismo de Marburgo, representado por Hermann Cohen (1842-1918) e Paul Natorp (1854-1924), no âmbito da filosofia geral, e por Rudolf Stammler (1856-1938) no da jurídica, ocupou-se basicamente dos temas lógico, epistemológico e metodológico, especialmente nas ciências físicas e matemáticas. No campo da filosofia do direito, coube a Stammler postular um formalismo metodológico que exclui uma fundamentação empírica do conhecimento jurídico (cf. ESPARZA, Marisela Parraga de. "Fundamentos de la filosofía jurídica en el neokantismo de Baden", *Revista de Ciencias Sociales de la Facultad de Ciencias Jurídicas, Económicas y Sociales*. Valparaiso, Chile, p. 91).

27. Os principais representantes da Escola de Baden são Wilhelm Windelband (1848-1915), Heinrich Rickert (1863-1936) e Emil Lask (1875-1915). Lask, juntamente com Gustav Radbruch (1878-1949), orientaram sua obra filosófica em direção ao direito. Todavia, o neokantismo de Baden, em geral, orientou suas reflexões para as ciências da cultura, especialmente em relação à história (cf. ESPARZA, Marisela Parraga de. Op. cit., p. 92).

28. "Voltemos a Kant".

29. A influência de Kant na ciência cognitiva se deu através de investigadores cognitivos do século XIX, especialmente Helmholtz, Wundt, Herbart. Não se pode desconhecer que o modelo da mente de Kant foi dominante na psicologia empírica, influindo, inclusive, sobre Sigmund Freud.

conhece apoiado por Kant e Schopenhauer, em cujas filosofias vê o mérito de terem posto em evidência os limites da ciência em sua relação com o mundo. A crítica posterior, dirigida a Kant, não consegue apagar a profunda influência que a filosofia do velho professor de Königsberg exerceu na formação das primeiras intuições do jovem Nietzsche[30].

Também a Escola de Frankfurt[31], mesmo levantando críticas a Kant, não conseguiu ocultar a herança deste pensador, sobretudo se considerarmos que Max Horkheimer doutorou-se com uma tese sobre Kant e Theodor Adorno descobriu precocemente a filosofia kantiana.

De outra parte, não se pode obscurecer a influência kantiana em Hans Kelsen que, ao estabelecer o primado teórico sobre o prático, adere à concepção epistemológica do pensador alemão. No que se refere ao direito, a norma fundamental reflete uma influência tanto da filosofia teórica quanto da filosofia prática de Kant. Em sua filosofia política, Kelsen novamente busca inspiração na Filosofia kantiana para explicar a democracia[32].

---

30. Cf. SANTOS, Leonel Ribeiro dos. Op. cit., p. 131.

31. A Escola de Frankfurt é o movimento que surgiu em 1923 com o nome de Instituto de Pesquisa Social, e que agrupou pensadores preocupados com as questões sociais da ciência, sendo seus mais importantes representantes Max Horkheimer (1895-1973), Theodor Adorno (1903-1969), Walter Benjamin (1892-1940), Herbert Marcuse (1898-1979) e Jürgen Habermas (1929).

32. Cf. GOMES, Alexandre Travessoni. *O fundamento de validade do direito* – Kant e Kelsen. 2000, p. 206.

Na Inglaterra, a escola agnóstica, de Hamilton a Spencer, inspirou-se na *Crítica da razão pura*, tomada sob seu aspecto negativo, bem como o positivismo de Comte e o neocriticismo de Renouvier, na França.

De ressaltar-se, na América, a importância da filosofia moral kantiana na filosofia política de Rawls (*Uma teoria da justiça*) e Nozick (*Anarquia, estado e utopia*), como também na sua perspectiva crítica nas filosofias de MacIntyre e Sandel.

Fundamental para a humanidade é a filosofia política de Kant, tal como expressa em *À paz perpétua*, na qual é elaborada a ideia de paz perpétua entre os Estados e de uma comunidade de Nações[33]. Afinal, como nos adverte Boutroux, "a doutrina de Kant não é o reflexo de uma época nem sequer a expressão do pensamento de um povo: pertence à humanidade"[34]. Parece, pois, adequado chamar o filósofo de Königsberg de *o provinciano universal*.

---

33. Se Kant não é o idealizador das Nações Unidas, pelo menos grande influência teve sobre sua criação. A exigência, prevista num dos artigos de *À paz perpétua*, de que nenhum Estado deve imiscuir-se por meio da força na constituição e governo de outro Estado, prenuncia o princípio da não intervenção consagrado na Carta das Nações Unidas.

34. Op. cit., p. 82.

Segunda Lição

A teoria do conhecimento

O criticismo kantiano (gráfico 2) é a confluência de duas direções fundamentais do pensamento filosófico: o racionalismo dogmático (Descartes – Spinoza – Leibniz – Wolff) e o empirismo cético (Bacon – Locke – Hume)[35]. Para o racionalismo, o conhecimento seria produto de uma simples faculdade: a razão. Para o empirismo, o conhecimento derivaria de uma outra faculdade: a sensibilidade. Kant, que se educou sob a influência do racionalismo de Wolff, declara que o ceticismo de Hume o fez despertar do seu sono dogmático e deu às suas investigações no caminho da filosofia especulativa uma orientação totalmente diversa, impelindo-o a indagar sobre as condições e os limites do conhecimento humano, bem como suas possibilidades[36]. Destarte,

---

35. Como sublinha Jonathan Bennett, essas duas tradições filosóficas juntam-se na filosofia kantiana não como uma mescla inconsistente, mas como uma síntese coerente de verdades extraídas de cada uma delas (cf. "La crítica de la razón pura de Kant", 2, *Dialéctica*, p. 21).

36. *Prolegomena*, Bd. 5, p. 118 (A 12, 13).

Gráfico 2 – O criticismo kantiano
Immanuel Kant (1724-1804)

Racionalismo dogmático
(Descartes – Spinoza – Leibniz – Wolff)

Criticismo (Kant)

Empirismo cético
(Bacon – Locke – Hume)

Racionalismo → Conhecimento = Produto da Razão
Empirismo → Conhecimento = Produto da Sensibilidade

Kant diferencia a filosofia das ciências, pois, enquanto cada uma destas últimas tem objeto próprio, o objeto da filosofia é o conhecimento mesmo, a análise da ciência[37].

Por esta via, o criticismo permite chegar à conclusão de que o conhecimento é produto de uma faculdade complexa, o resultado de uma síntese da sensibilidade e do entendimento[38] (gráfico 3). Para

---

37. A filosofia moderna – especialmente a partir de Kant – conquistou seu objeto e método próprio, de tal modo que, ao mesmo tempo em que se constitui como conhecimento rigoroso, separou-se das ciências particulares, evitando toda superposição recíproca de métodos e objetos. Enquanto as ciências, na atitude dogmática, ocupam-se de seus objetos próprios, a filosofia ocupa-se das ciências mesmas e do conhecimento. Este é o segredo do ceticismo metódico de Descartes e depois do criticismo de Kant (cf. nosso "O *cogito* em Kant e Husserl", *Revista Brasileira de Filosofia*, p. 141).

38. Como observa Kant, existem dois troncos do conhecimento humano: a *sensibilidade* e o *entendimento*. Através da primeira se nos dão os objetos. Através da segunda, os pensamos (cf. *KrV*, Transzendentale Ästhetik, § 1, Bd. 3, p. 69; B 33). Isso é estabelecido por Kant com base na distinção dos filósofos antigos entre objetos sensíveis (*aisthetá*) e objetos inteligíveis (*noetá*). A sensibilidade é a faculdade das intuições. O entendimento é a faculdade dos conceitos. "São os alemães os únicos que atualmente se servem da palavra *estética* para designar o que outros denominam crítica do gosto. Esta denominação tem por fundamento uma esperança malograda do excelente analista Baumgarten, que tentou submeter a princípios racionais o julgamento crítico do belo, elevando as suas regras à dignidade de uma ciência. Mas esse esforço foi vão. Tais regras ou *critérios*, com efeito, são apenas empíricos quanto às suas fontes (principais) e nunca podem servir para leis determinadas *a priori*, pelas quais se devesse guiar o gosto dos juízos; é antes o gosto que constitui a genuína pedra

isto, começa por dizer que todo conhecimento implica uma relação – melhor: uma correlação – entre um sujeito e um objeto. Nisso, os dados objetivos não são captados por nossa mente tais quais são (a coisa em si), mas configurados pelo modo com que a sensibilidade e o entendimento os apreendem. Assim, a coisa em si, o *númeno*, o absoluto, é incognoscível. Só conhecemos o ser das coisas na medida em que se nos aparecem, isto é, enquanto *fenômeno*.

Mas como atuam no conhecimento dos fenômenos a sensibilidade e o entendimento do sujeito cognoscente? Aqui, Kant recorre a uma distinção fundamental, segundo a qual todo fenômeno, tudo quanto existe, inclusive o conhecimento, integra-se por dois ingredientes: *matéria* e *forma*[39]. Aquilo que depende

---

de toque da exatidão das regras. Por esse motivo é aconselhável prescindir dessa denominação ou reservá-la para a doutrina que expomos e que é verdadeiramente uma ciência (assim nos aproximaríamos mais da linguagem e do sentido dos antigos entre os quais era famosa a distinção do conhecimento em *aisthetá* e *noetá*) [ou partilhar a designação com a filosofia especulativa e entender a estética ora em sentido transcendental, ora em significação psicológica]" (*CRP*, Estética transcendental (B), § 1, p. 62-63, nota de Kant).

39. "Dou o nome de matéria ao que no fenômeno corresponde à sensação; ao que, porém, possibilita que o diverso do fenômeno possa ser ordenado segundo determinadas relações, dou o nome de *forma* do fenômeno. Uma vez que aquilo, no qual as sensações unicamente se podem ordenar e adquirir determinada forma, não pode, por sua vez, ser sensação, segue-se que, se a matéria de todos os fenômenos nos é dada somente *a posteriori*, a sua forma deve encontrar-se *a priori* no espírito, pronta a aplicar-se a ela e portanto tem que poder ser considerada independentemente de qualquer sensação" (*CRP*, Estética transcendental (B), p. 62). Cf. AFTALIÓN, OLANO & VILANOVA. *Introducción al derecho*, p. 839.

Gráfico 3 – O conhecimento

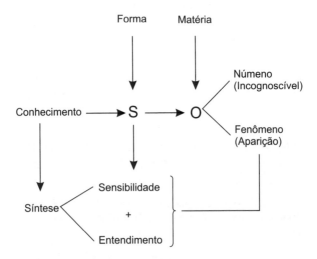

do próprio objeto constitui a matéria do conhecimento. O que depende do sujeito constitui a forma do conhecimento. Assim, temos uma primeira definição: conhecer é dar forma a uma matéria dada. A matéria é *a posteriori*. A forma é *a priori*. A matéria do conhecimento é variável de um objeto a outro, visto depender dele, do objeto. Por sua vez, a forma, sendo imposta ao objeto pelo sujeito, será reencontrada, invariavelmente, em todos os objetos, por todos os sujeitos. Existem, pois, conhecimentos *a priori* e conhecimentos *a posteriori*. Todo objeto a ser conhecido *a priori* o será conforme as formas que o espírito lhe impõe no ato de conhecer[40]. Como corolário dos conhecimentos *a priori*, os juízos podem ser analíticos – aqueles em que o predicado constitui uma representação ou explicitação do que já se encontra contido no sujeito (todos os corpos são extensos) – ou sintéticos – aqueles cujo predicado acrescenta alguma coisa ao conceito do sujeito (todos os corpos são pesados). Todo juízo de experiência é sintético, porque a experiência nos ensina a acrescentar certos

---

40. "[…] só conhecemos *a priori* das coisas o que nós mesmos nelas pomos" (cf. *CRP*, Prefácio (B), p. 21). A expressão latina *a priori* significa *anterior a*, *antes de*. Assim, os conhecimentos *a priori* – em contraste com os modos *a posteriori* do conhecimento, que recorrem exclusivamente à experiência – são independentes da experiência na medida em que não contêm qualquer ingrediente de sensibilidade e, portanto, não podem ser derivados dela. Em outras palavras, os conhecimentos *a priori* são absolutamente independentes de toda experiência e, ademais, constituem a condição de experiência.

atributos aos nossos conceitos, por exemplo, o peso ao conceito de corpo. Os juízos analíticos são *a priori*, pois não há necessidade de recorrer à experiência para determinar o que pensamos num dado conceito. Os juízos sintéticos são *a posteriori*, porque supõem a descrição de experiências particulares observáveis[41]. Demais disso, um juízo é analítico quando sua negação constitui contradição, isto é, é logicamente impossível. Inversamente, o juízo sintético é aquele cuja ne-

---

41. "Em todos os juízos, nos quais se pensa a relação entre um sujeito e um predicado (apenas considero os juízos afirmativos, porque é fácil depois a aplicação aos negativos), esta relação é possível de dois modos. Ou o predicado B pertence ao sujeito A como algo que está contido (implicitamente) nesse conceito A, ou B está totalmente fora do conceito A, embora em ligação com ele. No primeiro caso, chamo *analítico* ao juízo; no segundo, *sintético*. Portanto, os juízos (os afirmativos) são analíticos quando a ligação do sujeito com o predicado é pensada por identidade; aqueles, porém, em que essa ligação é pensada sem identidade, deverão chamar-se juízos sintéticos. Os primeiros poderiam igualmente denominar-se juízos *explicativos*; os segundos, juízos *extensivos*; porque naqueles o predicado nada acrescenta ao conceito do sujeito e apenas pela análise o decompõe nos conceitos parciais, que já nele estavam pensados (embora confusamente); ao passo que os outros juízos, pelo contrário, acrescentam ao conceito de sujeito um predicado que nele não estava pensado e dele não podia ser extraído por qualquer decomposição. Quando digo, por exemplo, que todos os corpos são extensos, enuncio um juízo analítico, pois não preciso de ultrapassar o conceito que ligo à palavra corpo para encontrar a extensão que lhe está unida; basta-me decompor o conceito, isto é, tomar consciência do diverso que sempre penso nele, para encontrar tal predicado; é pois um juízo analítico. Em contrapartida, quando digo que todos os corpos são pesados, aqui o predicado é algo de completamente diferente do que penso no simples conceito de um corpo em geral. A adjunção de tal predicado produz, pois, um juízo sintético" (*CRP*, Introdução (B), IV, p. 42-43).

gação não supõe contradição. Mas a grande descoberta de Kant é a da existência de uma terceira classe de juízos: os juízos sintéticos *a priori*, que são universais e necessários, como os analíticos, mas permitem ampliar nossos conhecimentos. É aos juízos sintéticos *a priori* que a matemática e a física devem o seu caráter de certeza[42]. O problema é saber se tais juízos são possíveis em metafísica[43] (gráficos 4, 5, 6 e 7).

---

42. "À primeira vista poder-se-ia, sem dúvida, pensar que a proposição 7 + 5 = 12 é uma proposição simplesmente analítica, resultante, em virtude do princípio de contradição, do conceito da soma de sete e de cinco. Porém, quando se observa mais de perto, verifica-se que o conceito da soma de sete e de cinco nada mais contém do que a reunião dos dois números em um só, pelo que, de modo algum, é pensado qual é esse número único que reúne os dois. O conceito de doze de modo algum ficou pensado pelo simples fato de se ter concebido essa reunião de sete e de cinco e, por mais que analise o conceito que possuo de uma tal soma possível, não encontrarei nele o número doze. A *ciência da natureza (physica) contém em si, como princípios, juízos sintéticos a 'priori'*. Limitar-me-ei a tomar, como exemplo, as duas proposições seguintes: em todas as modificações do mundo corpóreo a quantidade da matéria permanece constante; ou: em toda transmissão de movimento a ação e a reação têm de ser sempre iguais uma à outra. Em ambas as proposições é patente não só a necessidade, portanto a sua origem *a priori*, mas também que são proposições sintéticas. Pois no conceito de matéria não penso a permanência, penso apenas a sua presença no espaço que preenche. Ultrapasso, assim, o conceito de matéria para lhe acrescentar algo *a priori* que não pensei *nele*. A proposição não é, portanto, analítica, mas sintética e, não obstante, pensada *a priori*; o mesmo se verifica nas restantes proposições da parte pura da física" (*CRP*, Introdução (B), V, p. 46-47; 48).

43. Cf. PASCAL, Georges. Op. cit., p. 38-40. Kant afirma que a quase totalidade das proposições da matemática, que não é uma ciência experimental, consiste de juízos sintéticos *a priori* e que esses juízos constituem os pressupostos fundamentais das ciências naturais e do pensamento moral.

Feita a distinção entre matéria e forma, Kant caracteriza as formas *a priori* do espírito (gráfico 8). Por formas *a priori* deve-se entender os quadros universais e necessários através dos quais o espírito humano percebe o mundo. Assim sendo, distinguem-se, em nossa faculdade de conhecer, uma *receptividade* (a sensibilidade ou faculdade das intuições) e uma *espontaneidade* (o entendimento ou faculdade dos conceitos). O objeto, dado à sensibilidade, é pensado pelo entendimento e seus conceitos. Temos uma segunda definição: conhecer é ligar em conceitos a multiplicidade sensível[44].

As formas *a priori* da sensibilidade ou intuições puras são o espaço e o tempo, que tornam exequível a parte passiva do conhecimento. As formas *a priori* do entendimento são as categorias, as quais possibilitam a parte ativa do conhecer: as operações lógicas, a formação de conceitos, com os quais pode-se mentalizar os objetos sem necessidade de captá-los concretamente. A intuição permite tomar contato com as coisas, porém só é possível dar conta de suas diferenças por meio de conceitos.

---

44. *KrV*, Transzendentale Logik, Einleitung, I, Bd. 3, p. 97-98 (B 74, 75). Cf. tb. PASCAL, Georges. Op. cit, p. 40-41.

Gráfico 4 – Juízos analíticos e sintéticos

Analíticos = *"a priori"*
Sintéticos = *"a posteriori"*

Gráfico 5 – Juízos *a priori* e *a posteriori*

Juízos "a priori" → 1) Se A = B
                                     e B = C
                                     logo, A = C

↓

<u>Analíticos</u>

↓

                                     2) Todos os solteiros não são casados.
                                     3) Todos os corpos são extensos.
São verdadeiros, mas nada dizem que não saibamos. Nada acrescentam ao conhecimento.
                                     4) Todos os animais quadrúpedes são animais.
                                     5) A soma dos ângulos interiores de um triângulo é 180°.

Juízos "a posteriori" → 1) Os bosques são verdes.
                                       2) Os metais se dilatam pelo calor.
↓
                                       3) Todos os corpos são pesados.
<u>Sintéticos</u>
                                       4) Todos os solteiros são boêmios.

Juízos sintéticos "a priori" → 1) A linha reta é a menor distância entre dois pontos.
                                             2) 7 + 5 = 12
                                             3) Constância da quantidade de matéria.
                                             4) Ação e reação dos corpos

$$\overrightarrow{A} = \overleftarrow{B}$$

5) $\boxed{A} \leftrightarrow \boxed{B}$

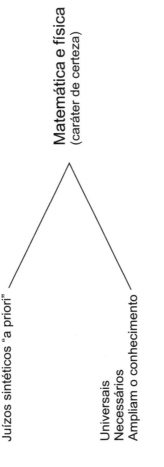

Gráfico 6 – A grande descoberta de Kant

Gráfico 7 – Quadro-resumo

Juízos Analíticos "a priori"	Juízos Sintéticos "a posteriori"	Juízos Sintéticos "a priori"
Verdades da lógica formal: Se A = A Então, A não é não A	Verdades das ciências naturais: Os metais se dilatam pelo calor	Axiomas físico-matemáticos e matemáticos: A linha reta é a menor distância entre dois pontos.

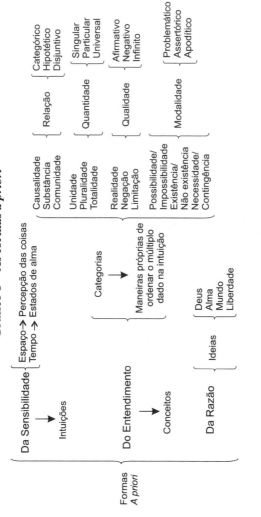

As formas da razão são as ideias⁴⁵. Enquanto os conceitos para valer como conhecimento devem estruturar-se sobre o material que fornecem as intuições, a razão tem uma tendência para ultrapassar os limites do conhecimento⁴⁶. Ao transpor as fronteiras da sensibilidade e buscar o incondicionado, a razão penetra num mundo puramente inteligível. Estaremos no mundo das ideias, não no conhecimento de objetos; não em presença de fenômenos determinados, mas de númenos, acerca dos quais não se pode cogitar de experiência possível (gráfico 9). No afã de buscar o incondicionado, a razão incorre em erros ou paralogismos e, no seu discurso dialético, em antinomias. Kant estuda as antinomias da razão pura na dialética transcendental (gráfico 10), tornando-se patente no terceiro conflito das ideias transcendentais a causalidade por liberdade, de onde surgirá, fora dos limites da experiência, a ideia moral e a concepção ética que se traduzirão na *Fundamentação da metafísica dos costumes* e na *Crítica da razão prática*. É com fulcro nestas obras que Kant produzirá a *Metafísica dos costumes*. A terceira antinomia trata da oposição entre liberdade e necessidade da natureza, cuja solução abre o espaço de possibilidade para a reflexão prática. Isto

---

45. Às formas *a priori* espaço e tempo corresponde a sensibilidade pura; aos conceitos *a priori*, o entendimento puro; às ideias, que são noções *a priori*, corresponde em seu uso teórico a razão pura teórica e, em seu uso prático, a razão pura prática.

46. Cf. AFTALIÓN, OLANO & VILANOVA. Op. cit., p. 842.

porque Kant não pretende provar, aqui, a realidade de uma causalidade livre, mas demonstrar sua possibilidade. O exame da liberdade será objeto da *Crítica da razão prática*, através da realidade da obrigação moral[47].

De fato, se a razão teórica, em sua dialética transcendental, faz-nos vislumbrar o caminho de uma causalidade por liberdade, trata-se, com a razão prática, de penetrar o mundo moral – universo inteligível, distinto da natureza. É a liberdade que abre este cosmos, onde a razão, agora autodeterminante, é vontade produtora de seus próprios objetos – sem necessidade de vinculá-los aos sentidos – e de suas próprias leis, posto que autônoma.

Por isso, cabe distinguir as ideias da razão teórica ou cognoscitiva das ideias da razão prática ou atuante, que se refere à conduta, ao agir propriamente dito. As ideias da razão teórica não podem ser resolvidas no plano teórico, científico. Entretanto, se a metafísica, enquanto conhecimento teórico, não se pode realizar, diversamente se dá quando se trata da

---

47. Cf. *KrV*, Transzendentale Dialetik, Dritte Antinomie, Bd. 4, p. 427-433 (B 472-479). "TESE: A causalidade segundo as leis da natureza não é a única de onde podem ser derivados os fenômenos do mundo no seu conjunto. Há ainda uma causalidade pela liberdade que é necessário admitir para os explicar. ANTÍTESE: Não há liberdade, mas tudo no mundo acontece unicamente em virtude das leis da natureza" (*CRP*, Dialética transcendental, Terceira antinomia (B), p. 406-407). Se a antítese implica determinismo, a tese permite fundar uma moral, posto que a liberdade implica responsabilidade pelas ações.

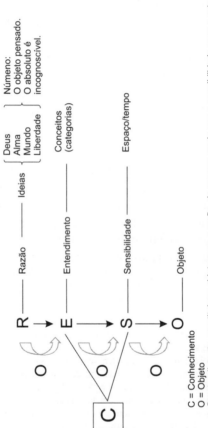

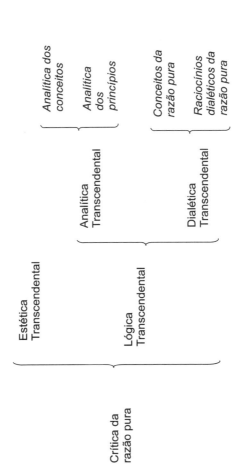

Gráfico 10 – Estrutura da *Crítica da razão pura*

filosofia prática, em que as ideias são princípios de ação, ocupando-se a razão dos princípios determinantes da vontade. É na razão prática – desdobrada em vontade e tendo a ideia de liberdade por fundamento – que se vai situar, em germe, a concepção jurídica kantiana, desenvolvida mais tarde em *A metafísica dos costumes*[48].

---

48. Kant inicia sua última obra sistemática, *Metafísica dos costumes*, com as seguintes palavras: "Depois da crítica da razão *prática* deveria vir o sistema, a *Metafísica dos costumes*, que se divide em princípios metafísicos da *doutrina do direito* e princípios metafísicos da *doutrina da virtude* (como réplica dos princípios metafísicos da *ciência da natureza*, já publicados); a seguinte introdução expõe e configura em parte a forma do sistema em ambas" (*MdS*, Vorrede, Bd. 7, p. 309 – AB III, IV). Sobre o conceito de sistema em Kant, cf. FERRAZ JR., Tercio Sampaio. *Conceito de sistema no direito*, p. 12ss.

Terceira Lição

Razão prática e direito

Ao entrar no campo da filosofia prática, da ética em geral[49], Kant assinala que o homem não tem somente uma faculdade cognoscitiva, mas que a personalidade humana manifesta-se também no agir[50]. Desse modo, aceitando a clássica distinção entre razão teórica e razão prática, e dando primazia a esta última, Kant observa que junto à faculdade cognoscitiva há no homem uma faculdade racional dirigida à ação, porquanto introduz a ordem nas suas inclinações e motivações. Com esta faculdade, dispõe o

---

49. "Se se percorrer a história da ética, constata-se que Kant aparece com uma novidade que faz dele um caso único. A ética kantiana é diferente de todas as outras. Os filósofos da época pretendem definir o que é o Bem, a matéria do Bem, que é o fim último, e, a partir dessa concepção de Bem, procuram encontrar as normas a que o homem deve obedecer para se aproximar dele. [...] Chamam-se *éticas materiais* aquelas que definem um Bem que é o fim a atingir pelo agir humano. [...] Kant, por sua vez, formulou uma *ética formal*. Ele não concebe a ação humana do ponto de vista do desejo, isto é, do ponto de vista do fim a atingir" (cf. BRITO, José Henrique Silveira de. *Introdução à Fundamentação da Metafísica dos costumes de I. Kant*, 1994, p. 24-25).

50. Cf. AFTALIÓN, OLANO & VILANOVA. Op. cit. p. 847.

homem de um dado *a priori* (uma forma *a priori* da razão prática), de um valor absoluto impossível de negar a existência do *dever*, que é um imperativo categórico cuja fórmula é: "Age apenas segundo uma máxima tal que possas ao mesmo tempo querer que ela se torne lei universal"[51]. Esta é a fórmula básica do imperativo categórico. As fórmulas secundárias são: "Age como se a máxima da tua ação se devesse tornar pela tua vontade em *lei universal da natureza*"[52], "Age de tal maneira que uses a humanidade, tanto na tua pessoa como na pessoa de qualquer outro, sempre e simultaneamente como fim e nunca simplesmente como meio"[53], "Todas as máximas, por legislação própria, devem concordar com a ideia de um reino possível dos fins como um reino da natureza"[54]. Essas fórmulas evidenciam duas características do imperativo categórico: a universalidade e o caráter de necessidade que ele impõe à ação (gráfico 11). Além disso, as três formulações secundárias representam apenas maneiras de apresentar o princípio moral. Assim, os imperativos categóricos são os imperativos morais[55] (gráfico 12).

---

51. *Grundlegung*, Bd. 6, p. 512 (BA 52).

52. Ibid. (BA 52, 53).

53. Ibid. (BA 66, 67).

54. Ibid. (BA 80, 81).

55. O imperativo categórico é expresso numa proposição a que Kant chama de sintética-prática *a priori*, o que nos remete aos juízos sintéticos *a priori* que o filósofo encontrou nas proposições em

Portanto, apenas aquele que age por puro dever age moralmente. O imperativo categórico é, por conseguinte, um imperativo formal, pois que tão-somente prescreve a forma e não o conteúdo (matéria) da ação: agir por respeito ao dever.

A existência desse imperativo moral tem como corolário a realidade das condições que tornam factível a moralidade assim definida. Tais condições são os chamados postulados da razão prática, quais sejam: a liberdade, a imortalidade da alma, Deus. O imperativo categórico não teria sentido se o homem não fosse livre em seu agir. Com efeito, a comunicação entre a razão teórica e a prática efetiva-se através da lei da liberdade, consubstanciada na obrigação moral.

Por outro lado, é princípio fundamental da ética kantiana o da autonomia da razão prática. Para que uma vontade possa querer por puro dever, é necessário que não esteja submetida a uma lei estranha, mas que seja legisladora de si mesma. Destarte, só

---

que estão formulados os princípios das ciências e que só logrou explicar mediante o papel desempenhado pela estrutura transcendental do sujeito no ato de conhecer (cf. *Grundlegung*, Bd. 6, BA 50, 51). Segundo o juízo ético, o que devemos fazer vem determinado pela lei moral. Este juízo é sintético (negá-lo não implica contradição) e *a priori*, porquanto o que *deve ser* não implica qualquer juízo de fato, não descreve impressão sensível e o predicado, a lei universal, não está contido no sujeito, a vontade. Kant distingue entre imperativos *hipotéticos* e *categóricos*. O imperativo é hipotético quando a ação que ordena é boa para atingir alguma finalidade, isto é, é boa para alguma outra coisa; é categórico quando a ação que determina é boa em si (cf. *Grundlegung*, Bd. 6, BA 40).

Gráfico 11 – Classificação das ações*

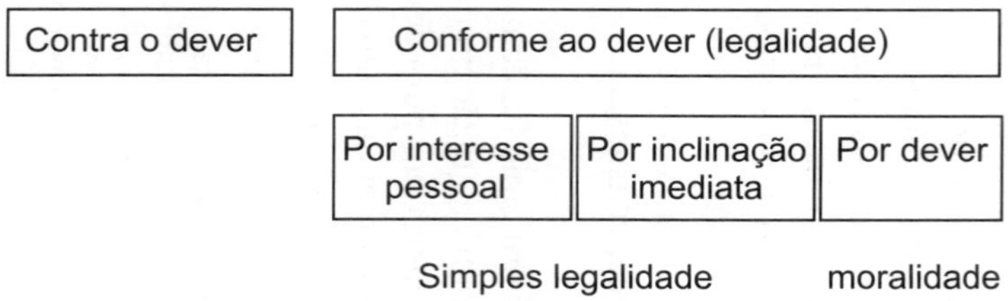

```
┌──────────────┐   ┌─────────────────────────────────────────────┐
│ Contra o dever│   │        Conforme ao dever (legalidade)       │
└──────────────┘   └─────────────────────────────────────────────┘
                    ┌──────────────┬──────────────────┬──────────┐
                    │ Por interesse│ Por inclinação   │ Por dever│
                    │ pessoal      │ imediata         │          │
                    └──────────────┴──────────────────┴──────────┘

                         Simples legalidade            moralidade
```

---

* Esquema apresentado por Otfried Höffe, em *Introduction à la philosophie pratique de Kant*: la morale, le droit et la religion, p. 69.

Gráfico 12 – Classificação dos imperativos*

Hipotéticos	Problemáticos assertórios	Regras de destreza Conselhos de prudência	Técnicos Pragmáticos
Categórico	apodítico	Mandamento ou lei	moral

---

* Esquema apresentado por José Henrique Silveira de Brito, em *Introdução à Fundamentação da Metafísica dos costumes de I. Kant*, p. 59.

obedecerá à própria lei, que é, por seu turno, lei universal. Com isso, a autonomia da vontade torna-se princípio de todas as leis morais e dos deveres que a elas se conformam[56]. Como consequência, o direito participa da doutrina dos costumes. Isso porque o dever – tal como a obrigação – é conceito comum às duas partes da metafísica dos costumes. Da autonomia da vontade provêm a legislação moral e a legislação jurídica, referindo-se esta última às ações externas, enquanto que a primeira diz respeito às ações internas do homem.

Assim, Kant distingue, no âmbito da conduta humana, regulada pelas leis morais (leis da liberdade), uma dupla legislação: a *interna*, que faz do dever o móbil da ação, e a *externa*, que não inclui na lei o móbil, mas que permite outros motivos além do dever. Essas duas legislações se diferenciam pelo

---

56. Para Kant, a ação resulta da vontade. Otfried Höffe explica que, segundo Kant, "a vontade não se dirige para fins dados à partida, mas ela é a instância primeira: aquela que estabelece objetivos e fins; o que quer dizer que ela os reconhece como sua pertença" (*Introduction à la philosophie pratique de Kant*: la morale, le droit et la religion. 1993, p. 66). "Para o filósofo de Königsberg, a conduta moral não tem como objetivo encaminhar o homem para um fim. É a vontade por si só que determina o agir humano, dando-lhe a lei a que sua conduta deve obedecer. Não se trata de dizer qual é o bem a atingir nem o que se deve fazer para o alcançar. Apenas se diz como se deve agir, indica-se como se deve atuar, a forma como o homem deve atuar para agir bem" (BRITO, José Henrique Silveira de. *Introdução à Fundamentação da Metafísica dos costumes de I. Kant*. Op. cit., p. 25).

seu objeto: o *direito* se ocupa da legislação prática externa de uma pessoa em relação à outra, na medida em que seus atos possam, como fatos, exercer influência (direta ou indireta) uns sobre os outros; a ética, por sua vez, abarca todos os deveres do homem, sejam internos ou externos. Demais disso, o homem realiza indiretamente os deveres morais, porquanto a obediência à ordem jurídica é uma exigência necessária da liberdade interna, sendo, por conseguinte, igualmente a esta, um postulado da razão. A legislação moral tem um objeto mais amplo do que a jurídica, uma vez que esta só prescreve atos externos, enquanto aquela prescreve, ademais, o móbil das ações. Por isso, o direito se conforma com a mera *legalidade*, isto é, a concordância do ato externo com a lei sem levar em conta o seu móbil. Ao revés, a lei ética requer *moralidade*, ou seja, o cumprimento da ação por dever. Significa dizer: a conformidade com a ideia do dever que se deriva da lei chama-se *moralidade*. Destarte, a legislação que erige uma ação em dever e o dever em móbil é uma legislação moral, ao passo que aquela que admite um móbil diferente da ideia do dever é jurídica. Na moral exige-se uma adesão total da ação à lei moral, bem como ao seu motivo. Disso resulta que o tema da legalidade da conduta jurídica se resolve no motivo da ação. Isso não quer dizer que o direito não leve em consideração a intenção da ação. Entretanto, a intenção só se torna relevante quando se exterioriza, isto é, quando se confronta com a esfera da liberdade do outro. Na moral predomina o momento interno da ação, inobstante o motivo seja, sempre, agir pela lei moral.

Todavia, apesar das diferenças que separam moral e direito, ambos perseguem o mesmo fim último, pois pretendem assegurar a *liberdade* do homem, impedindo que este possa ser rebaixado à condição de simples *meio* (não sendo, pois, considerado um fim). Ocorre que, enquanto a moral busca a liberdade interna, a independência do sujeito em relação a todo móbil que não seja o dever autônomo, o direito realiza a liberdade do agir externo da convivência com os demais. Isso porque no direito é fundamental que a ação se exteriorize, deparando-se com a instância do arbítrio de outro ser humano. Daí a definição kantiana do direito como "o conjunto de condições sob as quais o arbítrio de cada um pode conciliar-se com o arbítrio dos demais segundo uma lei universal de liberdade"[57].

Por sua vez, a lei universal do direito é formulada assim: "Age exteriormente de tal modo que o uso livre do teu arbítrio possa coexistir com a liberdade de cada um, segundo uma lei universal"[58].

Da definição do direito e do seu princípio universal – compostos pelos mesmos elementos básicos – deflui que se trata de relações externas, não interessando as intenções, porquanto não é necessário que se tome esta lei universal como móbil da ação.

---

57. *Rechtslehre*, Einleitung, § B, Bd. 7, p. 337 (A 33; B 33, 34).
58. *Rechtslehre*, Einleitung, § C, Bd. 7, p. 338 (A 34; B 35).

Conclui-se, pois, que o direito consiste não numa relação do *desejo* de uma pessoa com o *arbítrio* de outra, mas na relação de dois arbítrios[59]. Para determinar a natureza dessa relação há que se ater à *forma* do arbítrio, não à sua *matéria*. O que funda o direito é a condição geral que deve convir ao mesmo tempo a todos os arbítrios. Tal condição é a *liberdade*, que coloca o homem por sobre o mundo dos fenômenos. Nesse sentido, Kant já afirmara que

> [...] o conceito de um direito externo em geral procede inteiramente do conceito de *liberdade* nas relações externas dos homens entre si, nada tendo a ver com o fim que todos os homens perseguem de modo natural (o propósito de serem felizes), nem com a prescrição dos meios para lográ-lo; de sorte que esse fim não há de imiscuir-se de maneira alguma naquela lei a título de fundamento para determiná-la. O *direito* é a limitação da liberdade de cada um à condição de sua concordância com a liberdade de to-

---

[59]. Kant distingue explicitamente o *desejo* do *arbítrio*, asseverando que a faculdade de desejar, na medida em que está unida à consciência de ser capaz de produzir o objeto mediante a ação, chama-se *arbítrio*. Inversamente, isto é, se não está unida àquela consciência, seu ato se chama *desejo*. O *arbítrio* apresenta-se como uma faculdade determinável, referindo-se à ação, inobstante não se atenha ao seu fundamento. De se notar que, segundo a primeira introdução à *Crítica do juízo*, a faculdade de desejar aplica seus princípios *a priori* ao âmbito da *liberdade* (*KU*, Bd. 8, Einleitung, III, p. 184; H 12; p. 250, B XXIV).

dos, na medida em que esta concordância seja possível segundo uma lei universal[60].

Destarte, como assinala Günter Maluschke, o direito é a forma universal da coexistência das liberdades individuais, regularizando as condições formais e as modalidades por meio das quais torna-se possível que os indivíduos realizem seus fins e interesses particulares. A liberdade de cada um é limitada exclusivamente em função da liberdade das outras pessoas, e isso com base na igualdade dos direitos de liberdade[61].

Para o direito, pois, os contratantes são considerados iguais e livres, estando a coexistência de suas liberdades em consonância com uma lei universal.

E os elementos básicos que enformam o conceito e a lei referidos são dois: a relação mútua dos arbítrios e a universalidade da lei.

Contudo, faz-se necessária uma competência *coercitiva* – uma vez que o direito não tem o dever como móbil –, cujo fim é a fundamentação e preservação da liberdade dos indivíduos. Com efeito, a coação (coercitividade) é o instrumento através do qual se anulam as inclinações sensíveis que obstaculizam o uso da liberdade dos outros.

---

60. *Gemeinspruch*, Bd. 9, p. 144 (A 233, 234).

61. "Kant como teórico do Estado Liberal", *Cadernos Liberais*, V/XCII, p. 8.

Como assevera Kant,

> [...] dado que toda limitação da liberdade por parte do arbítrio de outro se chama *coação*, resulta que a constituição civil é uma relação de homens *livres* que (sem menoscabo de sua liberdade no conjunto da sua união com outros) se acham, sem embargo, sob leis coativas; e isso porque assim o quer a razão mesma e certamente a razão pura que legisla *a priori* sem levar em conta nenhum fim empírico[62].

Além disso, a coação que o outro me exerce, contrária à minha ação justa, é um obstáculo à liberdade. O obstáculo ao obstáculo à liberdade é justo, porquanto concorda com a liberdade segundo leis universais. Assim, a coação é conforme ao direito, ou seja, direito e faculdade de coagir significam a mesma coisa[63].

---

62. *Gemeinspruch*, Bd. 9, p. 144-145 (A 233-236).
63. *Rechtslehre*, § E, Bd. 7, p. 340 (AB 37, 38).

QUARTA LIÇÃO

A filosofia do direito

Kant desenvolveu sua filosofia do direito na *Metafísica dos costumes* (*Die Metaphysik der Sitten*), obra dividida em duas partes – a *doutrina do direito* (Rechtslehre)[64] e a *doutrina da virtude* (Tugendlehre) –, cada uma das quais precedida por uma longa introdução, de difícil leitura e intelecção. Por outro lado, à obra em sua totalidade precedem um prólogo e uma introdução geral, nas quais são tratados temas nucleares para ambas as partes. Entrementes, permeando toda a obra e constituindo seu fio condutor está a célebre distinção entre moral e direi-

---

64. A recepção da *Rechtslehre* entre os juristas foi excepcional. Jusnaturalistas e positivistas acreditaram ver nela um ponto de apoio para suas doutrinas. Todavia, o eco da *Metafísica dos costumes* no mundo filosófico foi negativo. Se algumas das primeiras recensões foram favoráveis, os juízos de Herbart, Hegel ou Schopenhauer foram adversos. À sarcástica posição de Hegel une-se a célebre opinião de Schopenhauer de que a *Rechtslehre* não é mais do que uma obra destinada a morrer por sua própria debilidade. Herbart considera a *Tugendlehre* um apêndice falido de trabalhos anteriores (cf. ORTS, Adela Cortina. *Estudio preliminar a la* Metafísica de las costumbres, XIX-XX).

to que afetará, aliás, a divisão geral de ambas as doutrinas[65] (gráfico 13).

---

65. A *Metafísica dos costumes* (*Die Metaphysik der Sitten*) é composta de duas partes publicadas inicialmente em separado: os "Princípios metafísicos da doutrina do direito" ou – posto que na introdução Kant traduz *Rechtslehre* por *ius* – "Princípios metafísicos do direito" (*Metaphysische Anfangsgründe der Rechtslehre*, janeiro de 1797; 2. ed., 1798, com a adição das *observações* em resposta a uma recensão crítica) – e os "Princípios metafísicos da doutrina da virtude" – Kant traduz Tugendlehre *por doctrina officiorum virtutis* (*Metaphysische Anfangsgründe der Tugendlehre*, agosto de 1797; 2. ed., 1803). Entretanto, os editores não puderam precisar uma data para a aparição da Rechtslehre. Schubert a situa em fins de 1796. Vorländer traz testemunhos que contrariam essa hipótese e considera provável a data de janeiro de 1797. V. *Immanuel Kant's Sämtliche Werke*, editados por Rosenkranz & Schubert, Leipzig, 1838, Bd. IX, p. VIII; K. Vorländer, "Einleitung" a *Die Metaphysik der Sitten*, Hamburg, 1922, 4. ed., p. XII/XIX e XXI (apud ORTS, Adela Cortina. Estudio preliminar a *La metafísica de los costumbres*, 1989. Cf. tb. a "Introduction" de Philonenko à "Doctrine du droit" em *Métaphysique des moeurs,* Paris, 1979, p. 27). Não será impertinente aduzir que *A metafísica dos costumes* é, no âmbito da razão prática e em relação à *Crítica da razão prática*, a réplica do que os *Princípios metafísicos da ciência da natureza* (1786) – nos quais Kant expõe seu *sistema* de conhecimentos do mundo físico – haviam significado no âmbito da razão teórica e em relação à *Crítica da razão pura*. Aliás, na "Introdução" à *Crítica da razão pura* Kant estabelece uma distinção entre crítica e sistema ou entre crítica e metafísica. A crítica da razão proporciona os princípios básicos, cujo desenvolvimento completo dá lugar ao sistema – da natureza e da liberdade – que leva o nome de *metafísica*. A tarefa do criticismo é garantir à metafísica uma marcha segura, o que deverá conseguir através do desenvolvimento dos conceitos encontrados no exercício crítico. A propósito, no "Prólogo" da *Metafísica dos costumes* Kant acentua que, "depois da crítica da razão *prática*, deveria seguir o sistema, a *Metafísica dos costumes*, que se divide em princípios metafísicos da *doutrina do direito* e princípios metafísicos da *doutrina da virtude* (como réplica dos princípios metafísicos da *ciência da natureza*, já publicados);

Na realidade, o discurso sobre o móbil moral já se encontra na *Fundamentação da metafísica dos costumes* (Grundlegung)[66] e na *Crítica da razão prática*. Entretanto, sua comparação com os móbeis jurídicos – para distinguir ambas as legislações – é tarefa que pertine à introdução geral à *Metafísica dos costumes*.

---

com tal fim, a seguinte introdução apresenta e configura em parte a forma do sistema em ambas". Por outra parte, na "Introdução" à *Metafísica dos costumes*, ao justificar a necessidade de uma metafísica dos costumes, explicita que "se um sistema de conhecimento *a priori* por puros conceitos se chama *metafísica*, uma filosofia prática, que não tem por objeto a natureza, mas a liberdade do arbítrio, pressuporá e requererá uma metafísica dos costumes" (cf. *KrV*, Einleitung, VII, Bd. 3, p. 62-63, B. 25, 26; *MdS*, Vorrede, Bd. 7, p. 309, AB III, IV; e *MdS*, Einleitung, Bd. 7, p. 321, AB II). É interessante notar que Kant tem uma preocupação com uma metafísica dos costumes desde 1767, trinta anos antes da obra definitiva que veio a tomar o nome de *Metafísica dos costumes* e três anos antes da *Dissertação de 1770*. A rigor, desde 1765 Kant anuncia numa carta a Lambert (31/12/1765) que dispõe de materiais necessários para uns *Primeiros princípios metafísicos da filosofia prática*. Porém, é em 1767 que anuncia um livro sob o título *Crítica do gosto moral*. Segundo Hannah Arendt, quando Kant voltou-se para a terceira crítica, ainda a chamou, a princípio, de *Crítica do gosto*. Assim, duas coisas aconteceram: por trás do gosto, um tópico favorito de todo o século XVIII, Kant descobriu uma faculdade inteiramente nova, isto é, o juízo; mas, ao mesmo tempo, subtraiu as proposições morais da competência dessa nova faculdade. Em outras palavras: agora, algo além do gosto irá decidir acerca do belo e do feio; mas a questão do certo e do errado não será decidida nem pelo gosto nem pelo juízo, mas somente pela razão (cf. ARENDT, Hannah. *Lições sobre a filosofia política de Kant*, p. 17).

66. A tarefa da *Fundamentação da Metafísica dos costumes* é apresentada no "Prefácio": "a busca e fixação do *princípio supremo da moralidade*" (*Grundlegung*, Bd. 6, BA XV, XVI). A busca desse princípio se dá nas duas primeiras seções da *Fundamentação*. A fixação do princípio da moralidade ocorre na terceira seção.

Gráfico 13 – Estrutura da *Metafísica dos costumes*

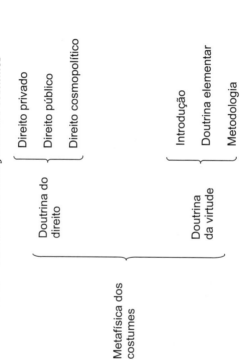

Com efeito, é nessa última obra que Kant precisa as noções estabelecidas pela *Fundamentação*, quando distingue implicitamente a legalidade de uma ação de sua moralidade. Assim, quando um comerciante não aumenta os preços para um comprador inexperiente, não se afasta da legalidade que fixa o preço geral, mas isso não quer dizer que tenha agido por dever, isto é, moralmente. Pois pode muito bem ter tido a intenção egoística de não perder a clientela e, ainda que, nesse caso, tenha agido conforme ao dever, a sua ação não é moral: a conformidade ao dever não é dever. Todavia, Kant não trata, aqui, de diferençar a moralidade da legalidade. Ele não tenciona mostrar mais do que a diferença entre a conduta determinada por uma inclinação empírica e aquela comandada pela vontade perfeitamente boa, cujo valor é absoluto e puro[67].

---

67. *Grundlegung*, Bd. 6, p. 23 (BA 9, 10). Na *Fundamentação da Metafísica dos costumes*, de 1785, Kant volta a falar de uma metafísica dos costumes, afirmando: "No propósito, pois, de publicar um dia uma *Metafísica dos costumes*, faço-a preceder desta *Fundamentação*". Note-se que pela data (1785) a *Fundamentação* é a primeira obra do projeto crítico em termos de filosofia moral. A filosofia jurídica, entretanto, tem início em 1786, com a recensão de Hufeland sobre o *Princípio do direito natural*; prossegue com as duas últimas partes de *Teoria e prática*, de 1793; com *À paz perpétua*, de 1795; e culmina no opúsculo *Sobre um pretenso direito de mentir por humanidade*, de 1797. No contexto dessa preocupação com a filosofia moral e a filosofia jurídica situa-se a *Metafísica dos costumes*, de 1797.

Por seu turno, a *Metafísica dos costumes* tem como fio condutor uma outra análise. Objetivando justificar a divisão bipartida dessa obra, Kant distingue em toda legislação uma representação objetiva da ação a ser realizada e um princípio subjetivo de determinação do arbítrio à ação. Nessa traça, ele sublinha, explicitamente, o que diferencia a legalidade da moralidade: a *legalidade* é "a simples conformidade ou não conformidade de uma ação com a lei, sem tomar em consideração seus motivos. Porém, tal conformidade, na qual a ideia do dever derivada da lei é ao mesmo tempo o móbil da ação, é a *moralidade*"[68]. Disso segue que os deveres decorrentes da legislação jurídica não podem ser mais que deveres externos, porquanto essa legislação não exige que a ideia destes deveres, que é interna, seja por si mesma o princípio determinante do arbítrio do agente; e como, sem dúvida, necessita de motivos apropriados a uma lei, tem de buscar os externos[69]. Resta claro que a legislação que estabelece que uma promessa, feita e aceita, seja cumprida não pertence à moral, mas ao direito. Por outro lado, cumprir a promessa, ainda quando não haja coação a temer, é uma ação honrada (uma prova de virtude) e, portanto, moral. Pois a moral exige que eu cumpra a promessa fei-

---

68. *MdS*, Einleitung, Bd. 7, p. 324 (AB 15). Cf. tb. GOYARD-FABRE. *La responsabilité selon Kant*, p. 118.
69. Ibid.

ta em um contrato, ainda que a outra parte contratante não possa a isso obrigar-me[70].

Do exposto deflui que tanto para o direito como para a moral existem deveres. E, em ambos os casos, o dever não se define pelo seu conteúdo, mas pela sua forma. Agir por dever implica que não se leva em consideração as inclinações do sujeito nem o fim que se pretende alcançar. O dever, diz a *doutrina do direito*, é uma ação à qual alguém está obrigado. Assim, o dever é a *matéria* da obrigação[71]. Mas – acentua Kant – se toda "*obrigação* é a necessidade de uma ação livre sob um imperativo categórico da razão"[72], podemos estar obrigados ao dever de diversos modos. Isso porque há duas legislações da razão prática. Destarte, a obrigação moral de manter a promessa corresponde a um comando de agir que promana de uma pura legislação interior. A obrigação moral obriga *in foro interno*. A lei do dever moral é aquela que dou a mim mesmo. Inversamente, a obrigação jurídica de manter a promessa feita em um contrato é um dever exterior[73]. Além disso, mesmo quando a legislação jurídica está conforme a minha consciência, ela obriga *in foro externo*, pois, à diferença do imperativo moral, ela não integra o motivo de agir à lei.

---

70. Ibid., p. 325 (AB 16, 17).
71. Ibid., p. 328 (AB 21).
72. Ibid., p. 327 (AB 19, 20).
73. Ibid., p. 326 (AB 18).

A divisão em uma doutrina do direito e em outra da virtude deve-se a que a *liberdade*, cujas leis *a priori* se investigam, desdobra-se em *liberdade externa* (independência em relação a uma força exterior) e *liberdade interna* (independência em relação às impressões sensíveis)[74]. Por outra parte, o *a priori*, segundo Kant, é por natureza formal – sem o que não seria universal –, devendo-se prescindir para a sua formulação de todo conteúdo que seja contingente.

Dentro da metafísica dos costumes, a *metafísica do direito* – que vem a ser um sistema de leis jurídicas que promana da razão – equivale ao conceito tradicional do direito natural. Este, dado o novo papel da razão na filosofia de Kant, aparece como *direito racional* (Vernunftrecht), porquanto não se trata de extrair da natureza uma ordem da conduta humana, mas de desenvolver a atividade formalizadora da razão. O direito racional, *a priori*, é o objeto próprio da filosofia, ficando reservada aos juristas a consideração do direito positivo.

Por outro lado, insurgindo-se contra o pensamento dos seus predecessores jusnaturalistas, Kant assinala que não cabe formular um "sistema metafísico" do direito, porque este, devido à multiplici-

---

[74]. A liberdade do arbítrio – diz Kant – é a independência de sua determinação por impulsos sensíveis. Tem-se aqui o conceito negativo da liberdade. O conceito positivo está relacionado com a faculdade da razão pura de ser por si mesma prática (*MdS*, Einleitung, Bd. 7, p. 318, AB 6, 7).

dade de casos que apresenta a experiência (a qual, no que pertine à aplicabilidade, se não pode ignorar), não poderia evitar a introdução de ingredientes empíricos. A única coisa possível é "uma aproximação ao sistema, e não este mesmo". Daí que Kant prefira falar dos "princípios metafísicos do direito ou da doutrina do direito"[75].

Segue-se, de todo o considerado, que o conceito de direito não pode extrair-se, de acordo com Kant, da experiência, pois que esta só indica o que em cada momento é de direito (was Rechtens sei, *quid sit juris*), isto é, o que prescrevem as leis em um tempo e em um lugar determinados, porém, nada diz acerca de um critério universal, com base no qual algo é justo ou injusto (*justum et injustum*)[76]. Isso não significa que a experiência não conte: a lei moral obtém circunstancialmente da experiência a matéria para a sua aplicação, mas não obriga em virtude do seu conteúdo, senão em virtude de sua fórmula.

Por outra parte, o conceito *a priori* do direito é elaborado em função da sua distinção em relação à moral, distinção que Kant recolhe de Thomasius, aprofundando-a. Com efeito, como Thomasius[77], Kant considera a *coercibilidade* como nota essencial do

---

75. *MdS*, Vorrede, Bd. 7, p. 309 (AB III, IV).

76. *Rechtslehre*, Einleitung, § B, Bd. 7, p. 336 (AB 31, 32).

77. *Fundamenta iuris naturae et gentium*, cap. V, §§ XXIX, XXXIV, XXXV, XXXVI.

direito, porém em sentido mais radical, já que faz referência não a um dado extrínseco, mas ao conceito mesmo do direito. Se este é a condição da liberdade na convivência, tudo o que se opõe ao mesmo deve ser eliminado em virtude do princípio de contradição.

Calha referir que a liberdade é o conceito que se erige em fulcro de toda construção jurídica kantiana, inobstante não se possa espaventar a convicção de que é a distinção entre moral e direito que serve de torso para a conceituação deste último, que se manifesta pelo constrangimento (coação) e caracteriza a objetividade.

Resta observar que a noção de liberdade já surge na *Crítica da razão pura*, mais especificamente na "Dialética transcendental", na qual, na terceira antinomia, fica demonstrada a possibilidade da existência de uma causalidade por liberdade e, por conseguinte, a passagem de um mundo fenomênico a um numênico, ou seja, ao universo das ideias.

Por outro lado, a *Crítica da razão prática* juntamente com a *Fundamentação da metafísica dos costumes* (*Grundlegung*) vão constituir os fundamentos da moral e, por consequência, da própria liberdade.

Finalmente, temos que na *Metafísica dos costumes*, que não é outra coisa senão a moral aplicada em suas duas vertentes – a Rechtslehre e a Tugendlehre –, a noção de liberdade se explicita concretamente em sua aplicação aos homens enquanto seres racionais, originando o problema dos limites entre liberdade interna e liberdade externa que, em última instância, subsume-se na questão da coação e das fronteiras entre moral e direito.

Quinta lição

A liberdade

O conceito de liberdade, em Kant, não é entendido como um querer arbitrário, isto é, um querer sensível. Contrariamente, sua doutrina moral está fundada sobre a liberdade, à qual se chega por constrição do mundo causal. Esta liberdade é encontrada na razão prática, ou seja, na vontade. Assim, a vontade é a razão prática mesma. Isso quer dizer que a liberdade pode ser explicitada a partir do conceito de vontade.

Deveras, afirma Kant que a "faculdade de desejar, cujo fundamento interno de determinação se encontra na razão do sujeito, chama-se vontade" (Wille). Dessa forma, a *vontade* é a faculdade de desejar, considerada não em relação à ação – como o *arbítrio* (Willkür) –, mas em relação ao fundamento de determinação do arbítrio à ação. Sendo assim, não tendo a vontade qualquer fundamento de determinação, mas, inversamente determinando o arbítrio, é a própria razão prática. Na medida em que a razão pode determinar a faculdade de desejar, o arbítrio está jungido à vontade. E Kant chama de *livre-arbítrio* (*freie Willkür*) ao arbítrio que pode ser determinado pela razão pura, opondo-o àquele determinável pela inclinação (*arbitrium brutum*)[78].

Considerando que o arbítrio humano é afetado pelos impulsos, mas não determinado por eles, e ainda que mesmo não sendo puro pode ser compelido às ações por uma vontade pura, Kant chega aos conceitos negativo e positivo de liberdade (*Freiheit*).

Com efeito, diz Kant que a liberdade do arbítrio é a independência de sua determinação por impulsos sensíveis, sendo este o seu conceito negativo. O conceito positivo é a faculdade de a razão pura ser por si mesma prática[79].

Vale lembrar que o conceito de liberdade já havia sido anunciado na "Dialética transcendental", nas antinomias da razão pura, como causalidade por liberdade (Causalität aus Freiheit). Agora vamos encontrá-lo no campo que efetivamente lhe corresponde como ética aplicada da razão prática e, ademais, unido ao que Kant chama de arbítrio.

Todavia, há que se verificar que a *Metafísica dos costumes* refere-se a *Willkür* e a *freie Willkür*. Devemos entender que *Willkür* corresponde ao mundo meramente sensível, ao passo que *freie Willkür* é o arbítrio determinado pela vontade ou razão prática, para ajustar as máximas a uma lei universal, deixando de corresponder a uma simples significação

---

78. *MdS*, Einleitung, Bd. 7, p. 317-318 (AB 5, 6, 7).
79. Ibid., p. 318 (AB 6, 7).

sensível para tornar-se *livre*. Aqui o determinante é a lei e o determinável o simples querer sensível. Importa a distinção porque é a disposição ou determinação pela lei que faz com que o homem seja livre, apartando-se da animalidade para transformar-se em ser racional.

Há de fato que se considerar que o homem aparece como fenômeno na natureza e, como tal, sujeito à lei de causalidade natural. Por outro lado, é *númeno* – do ponto de vista prático –, vale dizer, um ente inteligível capaz de produzir sua própria causa, sem qualquer constrangimento exterior que não seja sua própria vontade. Esta autossuficiência implica sua *liberdade*. E é essa liberdade que vai engendrar um mundo distinto do natural – o mundo moral[80].

A liberdade é, pois, um conceito que se torna a *pedra angular* de todo o edifício do sistema kantiano, na medida em que sua realidade é demonstrada por uma lei apodítica da razão prática. Daí Kant asseverar que os outros conceitos (os de Deus e da imortalidade), enquanto simples ideias, permanecem no âmbito da razão especulativa sem apoio, só adquirindo consistência e realidade objetiva quando conectados com o conceito de liberdade, a qual se revela mediante a lei moral.

Mas a liberdade é a única entre todas as ideias da razão especulativa da qual se sabe a possibilida-

---

80. *KpV*, Vorrede, Bd. 6, p. 108 (A 5, 6).

de *a priori* sem a discernir, porque ela é a condição da lei moral que o homem conhece[81].

Dessa forma, manifestada pela lei moral, a liberdade está reconhecida na sua realidade. Conhece-se *a priori* sua possibilidade porque ela é a condição da lei moral que se revela no respeito e na obediência.

É nessas condições que o homem, simples *fenômeno*, alcança a sua condição de *númeno*[82].

---

[81]. "Para que não se pense encontrar aqui *inconsequências*, se agora chamo à liberdade a condição da lei moral e afirmo, depois, no tratado, que a lei moral é a condição sob a qual podemos primeiramente *tornar-nos conscientes* da liberdade, lembrarei apenas que a liberdade é, certamente, a *ratio essendi* da lei moral, mas que a lei moral constitui a *ratio cognoscendi* da liberdade. Com efeito, se a lei moral não fosse antes nitidamente pensada na nossa razão, nunca nos consideraríamos autorizados a *admitir* algo como a liberdade (embora esta não implique contradição). Mas, se não houvesse qualquer liberdade, *de modo algum se encontraria* em nós a lei moral" (*KpV*, Bd. 6, p. 108, A 5, 6, nota de Kant).

[82]. "A reunião da causalidade, como liberdade, com a causalidade enquanto mecanismo da natureza, estabelecendo-se a primeira pela lei moral e a segunda mediante a lei natural, num só e mesmo sujeito, o homem, é impossível sem representar este em relação à primeira como ser em si mesmo, mas relativamente à segunda como fenômeno, aquele na consciência *pura*, este na consciência *empírica*. Sem isso é inevitável a contradição da razão consigo mesma" (*KpV*, Bd. 6, p. 110, A 9, 10, nota de Kant). A distinção entre fenômeno e númeno, feita na *Crítica da razão pura*, é fundamental, porquanto permitiu a Kant resolver a questão da liberdade do homem e da necessidade da natureza, assente que "não se pode renunciar nem ao conceito da natureza nem ao da liberdade" (*Grundlegung*, Bd. 6, BA 116).

Isto porque, como assinala Soraya Nour,

> [...] do ponto de vista numênico pensamo-nos como seres livres, membros de um mundo inteligível, no qual reconhecemos a autonomia da liberdade e seu efeito, a moralidade; mas do ponto de vista fenomênico, compreendemo-nos ao mesmo tempo como membros do mundo sensível e do mundo inteligível[83].

---

83. Cf. NOUR, Soraya. *À paz perpétua de Kant*: filosofia do direito internacional e das relações internacionais. 2004, p. 19-20.

Sexta lição

Moral e direito

A filosofia jurídica kantiana se contém na primeira parte da *Metafísica dos costumes*. Chegados a este ponto e antes de discorrermos sobre moral e direito, entendemos pertinente explicitar o que seja *metafísica dos costumes*, segundo Kant.

Metafísica significa a forma de conhecimento racional puro, não derivado da experiência ou, na linguagem de Kant, conhecimento *a priori* ou de entendimento puro e de razão pura[84].

Por *costumes* entende Kant as regras de conduta ou leis que disciplinam a ação do homem como ser livre, posto que pertencente ao mundo inteligível, adequadas suas ações à legislação moral.

Dessa forma, a *Metafísica dos costumes* é o estudo dos princípios racionais *a priori* da conduta humana, constituindo uma filosofia racional da prática. Só essa metafísica é propriamente moral, enquanto o estudo empírico dos costumes é objeto da

---

84. *Prolegomena*, § 1, Bd. 5, p. 124 (A 23, 24).

antropologia pragmática, à qual consagrou Kant uma obra especial, que vem a ser a matéria de sua aplicação[85] (gráfico 14).

O objeto, pois, da *Metafísica dos costumes* é o complexo de leis que regulam a conduta do homem como ser livre, racional – não pertencente ao mundo da natureza e submetido às suas leis.

Ao empreender a construção da filosofia racional da prática, mais exatamente da metafísica dos costumes, Kant depara-se com um problema que já preocupava a filosofia moral e jurídica jusnaturalista e que Thomasius, nos *Fundamenta iuris naturae et gentium*[86], colocou mais claramente: o da distinção entre moral e direito. É certo que Kant aprofunda a distinção, dando-lhe outra fundamentação filosófica, assim como uma sistematização. Na verdade, a distinção tomasiana tomava por fundamento o critério de exterioridade ou interioridade da ação. Na doutrina kantiana tal critério passa a ser consequência, visto que o primeiro e verdadeiro critério de distinção entre moral e direito é o motivo (móbil) por que a legislação é obedecida. Temos, assim, o motivo absoluto do dever pelo dever no caso da legislação moral – que não pode ser senão interna – e

---

85. Trata-se da *Antropologia do ponto de vista pragmático*, de 1798.

86. Cf. cap. V, § 30; cap. VI, §§ XXV, XL, XLI, XLII. Em Thomasius, direito, moral e costume social são condições de uma vida feliz, mas de diverso modo e conforme princípios diversos.

Gráfico 14 – *Metafísica dos costumes*

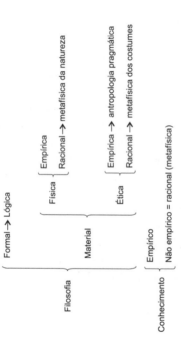

Filosofia
- Formal → Lógica
- Material
  - Física
    - Empírica
    - Racional → metafísica da natureza
  - Ética
    - Empírica → antropologia pragmática
    - Racional → metafísica dos costumes

Conhecimento
- Empírico
- Não empírico = racional (metafísica)

Metafísica → saber filosófico puro

Metafísica dos costumes → estudo das leis que regulam a conduta humana sob um ponto de vista meramente racional.

um motivo empírico no caso da legislação jurídica (que é, portanto, externa).

Por isso – embora Kant não o observe explicitamente a propósito do direito –, a vontade jurídica é *heterônoma*, ou seja, não encontra em si mesma a sua lei mas a recebe do exterior, ao passo que a vontade moral é *autônoma*, determinada por si mesma, enquanto o sujeito encontra em si mesmo a lei do dever que o impele a agir[87].

A esse propósito, faz notar Goyard-Fabre:

> "Reconhecer que a virtude é para ela mesma seu próprio fim e fundar o direito estrito sobre a possibilidade de uma coerção exterior resulta em distingui-los como autonomia e heteronomia"[88].

De se assinalar, entretanto, que a autonomia da vontade é o fundamento das duas legislações, sendo princípio supremo da metafísica dos costumes o imperativo categórico[89].

Dentro da moral assim entendida, Kant distingue o direito e a ética, sendo a moral o geral e comum, e o direito e a ética o particular e o diferencial nessa divisão fundamental. Aliás, o próprio Kant pontifica que o termo ética significava antigamente a doutrina dos costumes (*philosophia moralis*) em geral. Posteriormente, passou a designar apenas par-

---

87. *Grundlegung*, Bd. 6, p. 66 (BA 74, 75).
88. *Kant et le problème du droit*, p. 68.
89. *MdS*, Einleitung, Bd. 7, p. 332 (AB 26, 27).

te desta, a doutrina da virtude, ou seja, a doutrina dos deveres que não estão submetidos a leis externas, de tal modo que atualmente o sistema da doutrina universal dos deveres divide-se em sistema da *doutrina do direito* (*ius*), que é adequada para as leis externas, e sistema da *doutrina da virtude* (*ethica*) que não é adequada para tais leis[90].

Temos, ainda, que o termo moral adquire sentido amplo quando da distinção entre as leis da natureza e as da liberdade, sendo estas últimas denominadas leis morais. Kant explicita que tais leis (morais) quando afetas a ações meramente externas e à sua conformidade com a lei chamam-se *jurídicas*; porém, se exigem também que estas mesmas (leis) devam ser os fundamentos de determinação das ações, elas são éticas e diz-se, portanto: a coincidência com as primeiras é a *legalidade*; a coincidência com as segundas é a *moralidade* da ação[91].

Mais adiante, referindo-se aos móbiles, Kant afirma que a legislação que faz de uma ação um dever e desse dever um móbil é *ética*. Entretanto, a legislação que não inclui o móbil na lei e, portanto, admite também outro móbil distinto da ideia do dever é *jurídica*. Assim, à mera concordância ou discrepância de uma ação com a lei, sem levar em conta os móbiles da mesma, chama-se *legalidade* (con-

---

90. *Tugendlehre*, Einleitung, Bd. 7, p. 508 (A 1, 2).
91. *MdS*, Einleitung, Bd. 7, p. 318 (AB 6, 7).

formidade com a lei); mas, àquela na qual a ideia do dever segundo a lei é o móbil da ação se denomina *moralidade* (eticidade)[92].

Como se vê, a distinção entre o direito e a moral, em Kant, localiza-se, num primeiro momento lógico, na diferença do móbil, sendo importante assinalar que no plano jurídico há *legalidade*, isto é, a conformidade da ação com a lei, ainda que o móbil seja patológico. Pois, como diz Kant, facilmente percebe-se que os móbiles distintos da ideia do dever têm de ser extraídos dos fundamentos *patológicos* da determinação do arbítrio[93]. Por sua vez, o plano ético requer a *moralidade*, sendo a simples conformidade com a lei insuficiente, haja vista a exigência de que o móbil da ação seja o respeito pela lei.

Num segundo momento, Kant considera as ações do ponto de vista da sua exterioridade ou interioridade. Já vimos que as leis morais quando afetas a ações meramente externas chamam-se jurídicas; porém, se constituem os fundamentos de determinação das ações, são éticas. A distinção é significativa, porquanto, sendo as leis morais as leis da liberdade, temos que a liberdade a que se referem as leis jurídicas é a do exercício externo do arbítrio. Todavia, a liberdade a que se referem as leis éticas pode

---

92. Ibid., p. 324 (AB 15).
93. Ibid.

se dar tanto no exercício externo como no interno do arbítrio, na medida em que é determinado pelas leis da razão[94].

Prosseguindo, Kant sustenta que os deveres nascidos da legislação jurídica só podem ser externos, posto que esta legislação não exige que a ideia de tais deveres – que é interior – seja, por si mesma, fundamento de determinação do arbítrio do agente e, ademais, considerando que ela necessita de um móbil adequado para a lei, somente pode ligar a ela móbiles externos. Inversamente, a legislação ética converte em deveres ações internas, sem excluir as externas, o que equivale a dizer que é afeta ao que é dever em geral. Por isso, acentua Kant, a legislação ética – que inclui em sua lei o móbil interno da ação – não pode ser externa, ainda que admita como móbiles deveres provindos de outra legislação, isto é, de uma legislação externa, *enquanto deveres*[95].

Disso deflui que todos os deveres, simplesmente por serem deveres, pertencem à ética. Apesar disso, sua *legislação* nem sempre está contida na ética. Assim, por exemplo, a ética manda que se cumpra o compromisso firmado em um contrato, porém toma da doutrina do direito, como dados, a lei (*pacta sunt servanda*) e o dever a ela correspondente. Portanto, a legislação que dispõe devam ser cumpridas as pro-

---

94. Ibid., p. 318 (AB 6, 7).
95. Ibid., p. 324 (AB 15).

messas não reside na ética, mas no *Ius*[96]. Essa mesma distinção já se encontra nas *Lições de ética*[97].

Kant introduz na distinção entre moral (ética em sentido estrito) e direito um outro elemento diferenciador (do qual trataremos mais detalhadamente na lição subsequente): a coação.

De fato, diz Kant que a ética ensina apenas que, ainda quando suprimido o móbil que a legislação jurídica une com aquele dever, isto é, a coação externa, a só ideia do dever basta como móbil. Porque – aduz – se assim não fosse, e a legislação não fosse jurídica, nem autêntico dever jurídico o que surge dela, classificaríamos a fidelidade à promessa em um contrato como ação de benevolência, o que não pode ocorrer. Cumprir as promessas não é um dever de virtude, mas um dever jurídico, a cujo cumprimento podemos ser coagidos[98].

Daí que a doutrina do direito e a doutrina da virtude (ética) se distingam não tanto por seus diferentes deveres mas pela diferença de legislação que liga um ou outro móbil com a lei[99]. A consequência é que existem deveres diretamente éticos e indiretamente éticos. Isso porque a ética tem seus deveres peculiares (benevolência, deveres para consigo mes-

---

96. Ibid., p. 325 (AB 16, 17).
97. Cf. *Lecciones de ética*, philosophia practica universalis, p. 87.
98. *MdS*, Einleitung, Bd. 7, p. 325 (AB 16, 17).
99. Ibid.

mo), mas também deveres comuns com o direito. Claro fica que os deveres jurídicos enquanto deveres e concernentes à legislação exterior são indiretamente éticos. Como asseveramos acima, cumprir o que foi prometido em um contrato é um dever jurídico, haja vista que podemos ser obrigados por uma coerção externa a efetivá-lo. Mas se a coação não pode ser exercida, permanece o dever ético do cumprimento. Aqui a distinção se dá em que a ética não tem um modo exterior de obrigar como o direito – inobstante possa ter com ele deveres comuns.

Essa questão clarifica-se mais se atentarmos, conforme já assinalado, para o fato de que o sistema da doutrina universal dos deveres se divide em sistema da doutrina do direito (*ius*), que é adequado para as leis externas, e sistema da doutrina da virtude (*ética*) que não é adequado para tais leis[100].

Tendo estabelecido a distinção entre moral e direito, Kant introduz a doutrina do direito. Para tanto, faz-se necessário saber o que é o direito. Mas essa simples questão pode submeter o *jurisconsulto* à mesma perplexidade em que se encontra o lógico ante o desafio a que está chamado: *que é a verdade?* Efetivamente, os jurisconsultos ainda não puderam responder à questão (*quid jus?*). Pois – assevera Kant – ou caem em tautologia (*jus id quod justum est*) ou se limitam a remeter às leis positivas *hic et*

---

100. *Tugendlehre*, Einleitung, Bd. 7, p. 508 (A 1, 2).

nunc. Na verdade, mesmo quando em um tribunal o jurisconsulto estabelece o que é de direito (*quid sit juris*), ele apenas afirma o que é conforme às leis de um país em um tempo determinado. Nesse sentido, ele se revela um *jurisperito*, mas ainda que sua decisão forme jurisprudência ele não consegue subtrair-se a um relativismo empírico. Porque, se ele coloca bem a questão, o mesmo não se dá quando se trata de respondê-la e, por conseguinte, não alcança mais do que uma ciência empírica do direito (*jurisscientia*). E uma doutrina jurídica unicamente empírica – diz Kant – é como a cabeça de madeira na fábula de Fedro: pode ser bela, mas lamentavelmente não tem cérebro. É vazia[101].

Infere-se, do exposto, que a doutrina do direito deve dizer o que é o direito e, portanto, abandonar os princípios empíricos, procurando as fontes daqueles juízos na simples razão para erigir os fundamentos de uma possível legislação positiva. Dessa forma, a doutrina do direito deve inquirir sobre as condições que propiciam as prescrições jurídicas justas – legítimas ou bem fundadas[102].

Com isso, Kant introduz uma nova maneira de tratar o direito, sobremodo ao denunciar a insuficiência do dogmatismo ontológico, da tautologia lógica e da descrição empírica. Deveras, a proble-

---

101. *Rechtslehre*, Einleitung, § B, p. 336 (AB 31, 32).
102. Ibid.

mática da *doutrina do direito* é crítica e não tem sentido senão em relação à vocação prática da razão pura à qual ela remete. Ademais, sendo tributária do método das três críticas, a doutrina do direito resgata as estruturas *a priori* que se encontram no *Eu penso*[103] e se impõem ao universo jurídico como condições constitutivas e reguladoras[104] do conceito de direito.

Como corolário, temos que o conceito de direito é investigado não pela via empírica, mediante a observação do direito positivo[105], mas buscando a razão como único fundamento de uma possível legislação positiva. São três, pois, os elementos que compõem o conceito de direito: em *primeiro lugar*, este conceito diz respeito somente à relação externa e, certamente, prática de uma pessoa com outra, na

---

103. O *eu penso* consiste no ato de restituir à unidade da apercepção a síntese do diverso dado na intuição. *Apercepção* é um termo de Leibniz. À relação entre o sujeito e a diversidade de representações (o *eu penso* deve ser capaz de acompanhá-las) Kant chama de *apercepção pura* ou *apercepção originária*, contrapondo-se ao sentido que *apercepção* tinha para Leibniz. Ainda sobre o *eu penso*, cf. nosso "O *cogito* em Kant e Husserl", *Revista Brasileira de Filosofia*, op. cit., p. 135.

104. Sobre princípios constitutivos e reguladores, ver nota 156, *infra*.

105. Kant não tomou como dados para a formulação da sua teoria jurídica o direito romano, o *Corpus Juris Civilis*, ou os *Pandectas*. O fato de não tomar como ponto de partida da *Rechtslehre* a jurisprudência romana ou qualquer outra atesta que Kant postulava um conjunto de princípios universais que revelassem o ser do direito enquanto ideia, enquanto pertencente ao mundo inteligível, vale dizer, enquanto número.

medida em que suas ações, como fatos, possam influenciar-se reciprocamente; em *segundo lugar*, o conceito de direito não significa a relação do arbítrio com o desejo de outrem, portanto, com a mera necessidade (*Bedürfnis*), como nas ações benéficas ou cruéis, mas tão só com o arbítrio do outro; em *terceiro lugar*, nessa relação recíproca do arbítrio não se atende em absoluto à *matéria* do arbítrio, isto é, ao fim que cada qual se propõe com o objeto que quer, mas apenas pergunta-se pela *forma* na relação do arbítrio de ambas as partes, na medida em que se considera unicamente como *livre* e se, com isso, a ação de um pode conciliar-se com a liberdade do outro segundo uma lei universal[106].

Deduz-se, do primeiro elemento, que o direito é intersubjetivo, importando ressaltar que essa intersubjetividade não é suficiente para definir o direito. É necessária uma especificação ulterior (segundo elemento) referida à relação recíproca entre arbítrios e significando que a intersubjetividade do direito não implica a formação de uma comunidade beneficente. Contrariamente, existe um imperativo que interdita lesões na esfera da liberdade de outrem. Por último, há a considerar que o direito não concerne aos objetivos particulares que os sujeitos da relação perseguem, mas apenas à forma, prescindindo de qualquer conteúdo da relação regulada. Prescreve, assim, não o que deve ser fato, mas o modo como a

---

106. *Rechtslehre*, § B, p. 336 (AB 31, 32).

ação deve ser cumprida. Desses elementos lógicos decorre que o direito é para Kant o complexo das condições formais que permitem a coexistência dos arbítrios dos indivíduos particularmente considerados, determinando a esfera de liberdade dos indivíduos e coordenando-a de tal modo que a *liberdade externa* de todos possa coexistir segundo uma lei universal.

Vê-se, pois, que Kant faz assentar o conceito de direito, em princípio, sobre a *exterioridade* ou interação dos indivíduos. Todavia, limita essa exterioridade a uma relação racional e formal, de tal modo que seja isenta de qualquer apreciação interna (moral) ou mescla com dados sensíveis. Nessas condições o direito projeta-se como fator formal da coexistência dos arbítrios, abstraindo dos seus conteúdos sensíveis. Resta claro que com esses três elementos constitutivos Kant distingue, de maneira mais precisa, a moral do direito, notadamente no terceiro, do qual se infere que no direito não se trata de saber se a ação é realizada por dever. Isso porque o que importa é a forma da relação exterior.

E, como conclusão da análise dos elementos lógicos, Kant enuncia o conceito do direito: *o conjunto de condições sob as quais o arbítrio de cada um pode conciliar-se com o arbítrio dos demais segundo uma lei universal da liberdade*[107].

---

107. *Rechtslehre*, Einleitung § B, Bd. 7, p. 337 (A 33; B 33, 34).

Daqui extrai Kant o princípio universal do direito: *uma ação é conforme ao direito* (Recht) *quando permite, ou cuja máxima permite, à liberdade do arbítrio de cada um coexistir com a liberdade de todos segundo uma lei universal*[108].

Dessa sorte, temos de um lado o conceito de direito, afirmado na sua especificidade, e, de outro, a sua lei universal, indicando o seu lugar na doutrina dos costumes. Ambos têm por fundamento a liberdade. Porém, à ideia de liberdade está inseparavelmente ligado o conceito de *autonomia* e, a este, o princípio universal da moralidade[109]. A liberdade é, pois, fundamental na concepção do universo moral kantiano. Mas também é condição indispensável do direito. Assim, o conceito de liberdade é comum tanto à *Rechtslehre* como à *Tugendlehre*, distinguindo-se deveres de liberdade externa e deveres de liberdade interna, sendo estes últimos deveres éticos. É o que nos afiança Kant: "A doutrina geral dos deveres, naquela parte que não oferece a liberdade externa, mas a interna sob leis, é uma *doutrina da virtude*"[110]. Por isso, a doutrina do direito está relacionada unicamente com a condição *formal* da liberdade externa (a concordância consigo mesma quando sua máxima se converte em lei universal), ou seja,

---

108. Ibid., § C, p. 337 (A 33; B 33, 34).
109. *Grundlegung*, Bd. 6, p. 88 (BA 109).
110. *Tugendlehre*, Einleitung, Bd. 7, p. 509 (A 3, 4).

com o *direito*[111]. Não por acaso, Kant, ao estabelecer a divisão geral da *Metafísica dos costumes*, explicita que os deveres são ou *deveres jurídicos* (*officia juris*), isto é, aqueles para os quais é possível uma legislação externa, ou deveres de virtude (*officia virtutis s. ethica*), para os quais é impossível uma tal legislação[112]. Os deveres de virtude não podem ser submetidos a nenhuma legislação externa porque dirigem-se a um *fim* que é, por sua vez, um dever, restando claro que nenhuma legislação externa pode lograr que alguém se proponha um fim – por ser um ato interno da vontade. Kant define fim como um objeto do arbítrio de um ser racional, clarificando que a ética pode também ser definida como um sistema de fins da razão pura prática. Fim e dever marcam a distinção entre as duas seções da *Metafísica dos costumes*[113]. Compreende-se, agora, que o fato de a ética conter deveres a cujo cumprimento não podemos estar obrigados por outrem decorre da circunstância de ser ela uma doutrina dos fins, estando uma coação dirigida a propô-los em contradição consigo mesma.

Ainda no capítulo que trata da divisão da *Metafísica dos costumes*, Kant chega a interessante ilação ao explicar a razão por que damos usualmente à doutrina dos costumes (moral) o título de doutrina

---

111. Ibid.
112. *Rechtslehre*, Bd. 7, p. 347 (AB 48).
113. *Tugendlehre*, Einleitung, Bd. 7, p. 509 (A 5, 6).

dos *deveres* e não, também, doutrina dos *direitos*, considerando que aqueles referem-se a estes:

> [...] só conhecemos nossa própria liberdade (da qual procedem todas as leis morais, portanto todos os direitos assim como deveres) através do *imperativo moral*, que é uma proposição que manda o dever e a partir da qual pode decorrer a faculdade de obrigar a outros, isto é, o conceito de direito[114].

Destarte, todo o esforço de Kant está dirigido à fundamentação do cumprimento do direito como um dever moral. Em outros termos, ele *distingue* mas não separa a moral do direito, sendo, a esse respeito, esclarecedoras suas palavras: "Tomar como máxima o agir conforme o direito é uma exigência que me faz a ética"[115].

---

114. *Rechtslehre*, p. 347 (AB 48).
115. Ibid., p. 338 (A 34, 35; B 35).

SÉTIMA LIÇÃO

Coação e direito

Se Kant é tributário de Thomasius no que se refere à distinção entre moral e direito, não apenas nesse âmbito fica a sua filosofia jurídica a dever ao iniciador da Ilustração.

Com efeito, igualmente a Thomasius, mas com maior profundidade, Kant postula que ao conceito de direito, como condição da coexistência da liberdade externa dos indivíduos, está necessariamente atrelado o caráter coativo deste:

> [...] tudo que é contrário ao direito (*unrecht*) é um obstáculo à liberdade segundo leis universais: porém a coação é um obstáculo ou uma resistência à liberdade. Portanto, se um determinado uso da liberdade mesma é um obstáculo à liberdade segundo leis universais – isto é, contrário ao direito (*unrecht*) –, a coação que se lhe opõe, enquanto *obstáculo* frente *ao que obstaculiza a liberdade*, concorda com a liberdade segundo leis universais; ou seja, é conforme ao direito (*recht*). Por conseguinte, ao direito está unida a faculdade de coagir a

quem o viola, segundo o princípio de contradição[116].

Consequentemente, "direito e faculdade de coagir significam a mesma coisa"[117].

De notar-se, porque relevante, que Kant se refere ao caráter coativo do direito para distingui-lo, mais uma vez, da moral.

Essa distinção torna-se sobremaneira evidente quando se nos depara a divisão do direito em amplo (*ius latum*) e estrito (*ius strictum*). O direito em seu sentido amplo participa do mundo moral, porém quando se o examina exclusivamente em seu sentido estrito, dá-se que sua exterioridade e o seu elemento fundamental de constrição nos obrigam a cumprir seus preceitos, independentemente da nossa vontade.

Efetivamente, ao afirmar que o direito estrito pode ser representado como a possibilidade de uma coação recíproca universal, consoante a liberdade de cada um segundo leis universais, Kant ressalta que esse direito é aquele não mesclado com nada ético, porquanto não exige senão fundamentos externos de determinação do arbítrio. É certo que tal direito fundamenta-se na consciência da obrigação de cada um segundo a lei. Entretanto, para a determinação do arbítrio, em conformidade com a lei,

---

116. *Rechtslehre*, Einleitung, § D, Bd. 7, p. 339 (AB 36).
117. Ibid., § E, p. 340 (AB 37, 38).

não lhe é lícito nem pode – pois que puro – recorrer a esta consciência como móbil, mas, diferentemente, apoia-se no princípio da possibilidade de uma coação exterior, a qual pode coexistir com a liberdade de cada um segundo leis universais. Kant toma como exemplo o fato de um credor ter direito de exigir do devedor o pagamento da dívida para enfatizar que isso não significa que possa o credor demonstrar que a razão o obrigue ao pagamento – como ocorreria no caso de uma obrigação moral –, mas apenas que uma coação, que obrigue a todos, pode perfeitamente coexistir com a liberdade de cada um, portanto também com a sua, segundo uma lei externa universal[118].

Destarte, o direito do credor, enquanto pretensão jurídica – e não moral –, é fundado sobre a possibilidade que ele tem de *constranger* o devedor ao pagamento.

De observar-se que se a ação moral, como vimos, não é determinada por qualquer outro motivo que não seja o imperativo do *Dever* (imperativo que é, por sua essência, interno), não poderia ser determinada pela coação ou ameaça desta. Esse aspecto a distingue da ação jurídica que é ditada por um motivo essencialmente externo e empírico: a coação ou a sua simples ameaça.

---

118. Ibid. O direito estrito exclui a equidade ou o direito de necessidade, em que a coação não existe ou existe irregularmente.

Assim, caracterizando o direito, em confronto com a moral, à exterioridade vem juntar-se a coercibilidade.

Ainda referindo-se ao conceito de direito, Kant observa que a lei de coação recíproca, que concorda necessariamente com a liberdade de todos segundo o princípio da liberdade universal, é, de certo modo, a *construção* daquele conceito, isto é, a exposição do mesmo em uma intuição pura *a priori*, seguindo a analogia da possibilidade dos movimentos livres dos corpos sob a lei da *igualdade* da ação e reação. E aduz: "Não é tanto o conceito de direito o que possibilita a exposição deste *conceito*, mas a coação totalmente recíproca e igual, submetida a leis universais e coincidentes com ele"[119].

Facilmente se compreende que Kant realça de tal maneira a importância da coação para o direito que a torna sua nota característica, distinguindo-o precisamente da moral.

Efetivamente, a interioridade do dever moral opera de modo que ninguém pode obrigar outrem a cumpri-lo. Diversamente, o dever jurídico, em sendo externo, faculta a cada um o direito de obrigar reciprocamente, não excluindo a possibilidade de poder o dito dever ser cumprido tão somente pela ameaça da coação.

---

119. Ibid.

O fato de ser o dever jurídico externo faz com que ele se desdobre em dois sentidos, sob os quais deve ser considerado. Primeiro: não implica uma ação pelo dever, mas apenas conforme ao dever. Segundo: implica uma ação pela qual somos responsáveis frente aos outros.

Esse último sentido demanda algumas considerações, haja vista que a responsabilidade para Kant parece conduzir a duas formas: a) a responsabilidade moral, que remete ao interior da consciência pessoal, e b) a responsabilidade jurídica, cujo sentido está afeto ao primado da legalidade, que se manifesta no constrangimento (coação) e caracteriza a objetividade.

A noção de responsabilidade, todavia, é impensável sem referência ao conceito de pessoa. Com efeito, "*pessoa* é o sujeito cujas ações são *imputáveis*"[120]. A imputação de um ato a um agente pode operar-se de duas maneiras: ou a imputação é simplesmente *crítica* (o juízo pelo qual o sujeito é considerado como autor de uma ação), ou a imputação implica o juízo pelo qual se reconhecem os efeitos jurídicos de uma ação. A esta *imputatio judiciaria seu valida* corresponde a responsabilidade jurídica[121]. Assente que uma coisa é insuscetível de imputação, todo juízo de imputação refere-se, neces-

---

120. *MdS*, Einleitung, Bd. 7, p. 329 (AB 22).
121. Ibid., p. 334 (AB 29, 30).

sariamente, a uma pessoa. Entretanto, esse juízo tanto pode imputar a uma pessoa uma conduta moral ou imoral, como pode imputar-lhe uma conduta lícita ou ilícita[122]. Dessa forma, enquanto a ideia de responsabilidade moral refere-se ao *princípio do querer* (da vontade boa em si mesma), a ideia de responsabilidade jurídica implica a qualificação de um ato em conformidade ou não conformidade ao dever. A imputação moral torna, portanto, a pessoa responsável por um ato bom ou mau, pois que causa livre e suscetível de determinar-se por si, ao passo que a imputação jurídica torna a pessoa responsável por um ato justo ou injusto, na medida em que seja estimada como absolutamente não transgressora ou transgressora daquilo que *deve ser*. Dessarte, a responsabilidade moral remete à livre subjetividade do agente e, como tal, tem o mesmo caráter absoluto do dever e exclui toda a possibilidade de mediação ou de transferência: ninguém pode ser moralmente responsável por um ato cuja intenção é minha. Por outro lado, a responsabilidade moral atesta o poder prático que tem a razão de se determinar a si mesma e de erigir sua máxima ou regra subjetiva da vontade em lei universal. Por sua vez, a legislação jurídica tem como condição de possibilidade a mediação de uma legislação exterior (*leges externae*) que são as leis positi-

---

[122]. A conduta moral ou imoral, isto é, uma conduta que é ou não presidida por uma boa vontade. A conduta lícita ou ilícita, ou seja, aquela que é conforme ou contraria o conteúdo das regras do direito positivo.

vas[123], cujo caráter *estrito* as torna puras de todo elemento de moralidade[124].

Aflora à evidência, pois, que a responsabilidade jurídica, diferentemente da responsabilidade moral, não remete à livre intencionalidade da pessoa. O juízo de imputação que define a responsabilidade jurídica coloca entre parênteses a interioridade da pessoa. Ele não se sustém sobre nada que não seja a conformidade ou a não conformidade exterior de um ato a uma norma jurídica. Do exposto, dessume-se a responsabilidade moral: significa um compromisso pessoal de um sujeito totalmente disponível, fundamentalmente livre[125], que tem a inteira responsabilidade de uma ação da qual, intencionalmente, ele é o autor. Por outro lado, se é verdadeiro que a responsabilidade jurídica não tem sentido senão em relação à ideia de pessoa, ela, contudo, não é possível senão pela mediação de uma legislação positiva exterior.

Da diferença de natureza que distingue a responsabilidade moral da jurídica (respectivamente responsabilidade *subjetiva* e responsabilidade *objetiva*) decorre a diferença de estrutura inerente às duas noções. Com efeito, na responsabilidade moral a relação que liga a máxima da ação e o fim a que

---

123. *MdS*, Einleitung, Bd. 7, p. 331 (AB 325).

124. *Rechtslehre*, § E, p. 340 (AB 37, 38). Cf. tb. GOYARD-FABRE. *La responsabilité selon Kant*, p. 119.

125. *MdS*, p. 329 (AB 22).

ela visa, estabelece-se na pessoa como uma relação sintética de *obrigação*[126]. Já a responsabilidade jurídica não implica uma ligação sintética da vontade e da jurisdição racional; os deveres que decorrem da legislação jurídica não poderiam ser outros que os deveres externos; o princípio que os rege é – e não pode ser outro – o do constrangimento (coação)[127].

Entretanto, mesmo afirmando que "a todo direito em sentido *estrito* (*ius strictum*) está ligada a faculdade de coagir"[128], Kant admite duas situações, consideradas excepcionais, em que o direito desvincula-se da coação: a equidade e o direito de necessidade. Na primeira, admite-se um direito sem coação; na segunda, uma coação sem direito.

Da equidade (*aequitas*) Kant nos dá dois exemplos. O primeiro diz respeito ao membro de uma sociedade mercantil constituída sobre a igualdade de lucros. Tendo-se dissolvido a dita sociedade e havendo este membro participado com maior cota e, ainda assim, sofrido maior prejuízo, poderia exigir, em nome da equidade, uma divisão proporcional. Porém, segundo o direito estrito, sua pretensão seria recusada pelo juiz, posto que a este faltam os dados para determinar o *quantum* lhe caberia, de acordo

---

126. Ibid., p. 327 (AB 19, 20).
127. Ibid., p. 318, 324, 326; *Rechtslehre*, § D, p. 338 (AB 6, 7, 15, 18, 34, 35). Cf. tb. GOYARD-FABRE. Op. cit., p. 121.
128. *Rechtslehre*, Anhang, p. 341 (AB 39).

com o contrato. O segundo exemplo refere-se ao servo a quem foi pago o salário anual em moeda que se desvalorizou durante esse período, sendo-lhe impossível adquirir, agora, o que poderia ter comprado no início do contrato. Nesse caso, não pode alegar o direito de ser indenizado, mas, tão somente, apelar para a *equidade* (uma divindade muda que não pode ser ouvida) como fundamento de sua pretensão. O juiz não pode pronunciar-se, atendendo a condições indeterminadas, porquanto nada se estipulou no contrato sobre o evento – desvalorização da moeda – e consequente compensação.

Fica claro que, em ambos os casos, os postulantes são detentores de um direito (com base na equidade) que não pode ser aplicado de maneira coativa. Assim, têm um direito sem coação.

Kant justifica essa situação afirmando que o lema da equidade é "o direito mais estrito constitui a maior injustiça" (*summum ius, summa iniuria*). Assevera, ademais, que esse mal não pode ser remediado pelo caminho jurídico (com fulcro no próprio direito), porque a equidade pertence apenas *ao tribunal da consciência* (*forum poli*), enquanto que toda questão jurídica deve ser levada ao *tribunal civil* (*forum soli*)[129].

O direito de necessidade (*ius necessitas*) consiste na faculdade de tirar a vida de outro – que não me fez

---

129. Ibid., p. 342 (AB 40).

mal algum – quando a minha própria vida está em perigo. Trata-se de uma violência permitida contra alguém que não exerceu violência alguma contra mim.

Kant dá o único exemplo de um náufrago que para sobreviver impede um outro de apanhar a tábua que seria o seu salva-vidas. Este ato é considerado um estado de necessidade, sendo caso de *não punibilidade*.

Argumenta Kant que a punição com a qual a lei penal ameaça o agente não pode ser eficaz, por isso que não pode um mal *incerto* (morrer por sentença judicial) ameaçar mais do que um mal *certo* (morrer afogado). E o ato de salvar a própria vida por esta via – a violência – não exclui a culpabilidade, mas a punibilidade. Dessa forma, o ato é injusto, embora não punível, sendo, pois, uma coação sem direito correspondente.

Kant ressalta ser o apotegma do direito de necessidade que "a necessidade carece de lei" (*necessitas non habet legem*), apesar de não existir necessidade que torne legal o injusto.

Essas duas situações configuram, para Kant, o *ius aequivocum*, ocorrendo, no primeiro caso, que aquilo que alguém, com boas razões, reconhece por si mesmo como justo, não encontra confirmação frente a um tribunal; no segundo, o que ele tem de julgar como injusto pode obter absolvição no mesmo tribunal[130].

---

130. Ibid., p. 343 (AB 41, 42).

Isso porque, explicita Kant, "o conceito de direito, nesses dois casos, não está tomado com o mesmo significado"[131].

Resulta daí uma anomalia somente explicável porque a relação direito-coação não é atendida em sua regularidade. De fato, na equidade existe uma pretensão não atendida; no estado de necessidade, um erro não reparado. Quebra-se, dessarte, a normalidade da relação do direito com a coação, que exige seja o direito satisfeito e o desregramento retificado[132].

---

131. Ibid., p. 344 (AB 43, 44).

132. Segundo Norberto Bobbio (*Direito e estado no pensamento de Emanuel Kant*, p. 81), seria possível dizer assim: a natureza da justiça implica que seja dada razão a quem tem razão e negada a quem não a tem. Nos dois casos anômalos, porém, existe essa alteração: no primeiro caso, uma pessoa tem razão e não lhe é dada; no segundo caso, uma pessoa não a tem e lhe é dada.

OITAVA LIÇÃO

Divisão dos deveres e direitos

Quando se refere aos deveres jurídicos, estabelecendo sua divisão geral em internos e externos, Kant recorre às fórmulas clássicas de Ulpiano (*Juris praecepta sunt haec: honeste vivere, alterum non laedere, suum cuique tribuere*), dando-lhes o sentido que, segundo ele, originalmente tiveram, o qual pode desenvolver-se ou a elas incorporar-se. Com isso, as fórmulas do jurisconsulto romano surgirão na *Rechtslehre* da seguinte maneira:

1. Sê um homem honesto (*honeste vive*). A honestidade jurídica (*honestas iuridica*) consiste em manter nas relações com os demais homens a dignidade humana, dever que se expressa na proposição: "Não te convertas em um simples meio para os demais, porém sê para eles ao mesmo tempo um fim". Este dever será esclarecido mais adiante – diz Kant – como obrigação deduzida do *direito* da humanidade em nossa própria pessoa (*Lex iusti*).

2. Não causes dano a terceiro (*neminen laede*), ainda que tenhas de renunciar a toda relação com o outro e evitar toda sociedade (*Lex iuridica*).

3. Entra (se não podes evitá-lo) em uma sociedade com os homens, na qual cada um possa conservar o que lhe pertence (*suum cuique tribue*). Se esta fórmula fosse traduzida como "dar a cada um o seu", seria um absurdo, porque a ninguém pode-se dar o que já tem. Por conseguinte, afirma Kant, se há de se lhe dar um sentido, será este: "entra em um estado no qual possa assegurar-se a cada um o que é seu frente aos demais" (*Lex iustitiae*)[133].

Na interpretação kantiana das regras de Ulpiano ressalta, primeiramente, que o seu significado deve encerrar-se em um imperativo categórico, sendo elas dirigidas sempre a um sujeito, na medida em que são deveres jurídicos. Em segundo lugar, que a honestidade jurídica transforma-se em dignidade humana ao considerar o homem como fim e, em última instância, como pessoa. Por último, o não pre-

---

133. Ibid., p. 344 (AB, 43, 44). Thomas Hobbes (*Diálogo entre un filósofo y un jurista y escritos autobiográficos*, "Del poder soberano", p. 9) já notara esse absurdo: "Quando dizeis que a justiça dá a cada um o seu, que quereis dizer com o *seu*? Como pode dar-me o que já é meu? Ou, se não o é, como pode a justiça fazê-lo meu?" Hobbes atribuiu a definição a Aristóteles. Sabe-se, entretanto, que procede de Ulpiano (*Dig. 1, tit. 1, leg. 10*). Em Aristóteles encontramos uma definição assemelhada na *Retórica*: "A justiça é a virtude pela qual cada um tem o próprio segundo a lei" (*Ret.*, I, 9, 1366b).

judicar a terceiro implica a renúncia à sociedade dos homens e como dever jurídico exterior o de entrar em um estado civil no qual o direito meramente provisório, dirá Kant mais adiante, transforma-se em direito peremptório. Tal dever matizado como jurídico tem raízes morais.

Estabelecida a divisão dos deveres jurídicos, Kant apresenta a divisão geral dos direitos, caracterizando-os como *preceitos* (*Lehren*) e como *faculdades* (*Vermögen*). Pertencem aos preceitos sistemáticos o *direito natural*, que se baseia tão só em princípios *a priori*, e o direito *positivo* (estatutário), que procede da vontade de um legislador. As faculdades de obrigar a outros classificam-se em direito *inato* e direito *adquirido*, correspondendo o primeiro a cada pessoa por natureza, independentemente de qualquer ato jurídico; o segundo, obviamente, é aquele que exige este tipo de ato[134]. Dessa divisão parte Kant para asseverar que há apenas um direito inato: a liberdade. Com efeito, destaca ele, a *liberdade* (a independência relativamente ao arbítrio constritivo de outro), na medida em que pode coexistir com a liberdade de qualquer pessoa segundo uma lei universal, é o único direito inato, originário, que corresponde a todo homem em virtude de sua humanidade. A consequência natural é que a igualdade inata (não sermos obrigados por outros senão àquilo a que reciprocamente podemos obrigar-

---

134. Ibid., p. 345 (AB 54).

lhes), a qualidade do homem de ser seu próprio senhor (*sui iuris*), de ser homem íntegro (*iusti*), de fazer aos outros o que não lhes prejudica no que concerne ao *seu* – tudo isso já se encontra no princípio da liberdade inata e não se distingue dela realmente (como membros da divisão de um conceito superior de direito)[135].

De todo o considerado, extraímos a conclusão de que ao conceito de direito estão basilarmente atrelados aqueles elementos a que nos referimos nos itens precedentes: a liberdade, a distinção entre moral e direito e a coação, como nota característica deste último. É certo que no texto kantiano existem algumas dificuldades – já insinuadas por nós – para a apreensão desses elementos em sua inter-relação. Um dos problemas que se apresenta resulta da tensão entre a liberdade como limitação recíproca e a liberdade como autonomia, vale dizer, a conciliação da coerção com a liberdade. Já vimos que o direito concerne às relações exteriores, não podendo ter como móbil o dever. Desse modo, necessita de uma coação exterior que possa compelir à realização de determinada ação. Por isso, como já assinalamos, Kant afirma que direito e faculdade de coagir são a mesma coisa[136]. Posto que o direito implica coerção, mas também uma relação de arbítrios se-

---

135. Ibid. Em Thomasius (*Fundamenta.*, op. cit., cap. V § XII): "Um exemplo de direito inato é a liberdade".

136. Ibid., p. 340 (AB 37, 38).

gundo uma lei universal de liberdade, como resolver a correlação coerção-liberdade? A solução kantiana dá-se através do seguinte argumento: a coação está de acordo com a liberdade, porquanto ela é o obstáculo àquele que obstaculiza a liberdade e é, por isso, injusto; a faculdade de coagir aquele que é injusto é justa. Sendo assim, é conforme ao direito e concorda com a liberdade segundo leis universais.[137] Dessa limitação recíproca da liberdade (externa) deriva que a relação jurídica somente pode ser instituída entre homens.

Daí que Kant chega à definição da relação jurídica como a do direito com o dever, melhor dito, uma relação intersubjetiva de direito-dever. De fato, ao descrever os tipos de relação entre o homem e outros seres, Kant conclui que apenas uma dessas situações constitui uma verdadeira relação jurídica. Quatro são os casos:

1. Relação do homem com seres que não têm direitos nem deveres (porque são seres irracionais que não nos obrigam, nem podemos ter obrigações em relação a eles);

2. Relação do homem com seres que têm direitos e deveres (com outros homens);

3. Relação do homem com seres que têm apenas deveres e nenhum direito (homens sem personalidade, como servos e escravos);

---

137. Ibid., p. 338 (A 34, 35; B 35).

4. Relação do homem com um ser que tem somente direitos e nenhum dever – Deus (concebível apenas filosoficamente, porque não é objeto de experiência possível).

Portanto, unicamente no segundo caso encontramos uma relação real entre direito e dever, por ser uma relação do homem com outros seres humanos[138]. Disso deflui que a relação jurídica constitui uma reciprocidade entre o dever como cumprimento da lei e o direito como faculdade de obrigar ao cumprimento, o que coloca mais uma vez a característica do direito em relação à moral.

---

138. Ibid., p. 349 (AB 50, 51).

Nona lição

Autonomia da vontade e direito

Kant situa a autonomia da vontade como princípio da moralidade, entendida aquela como a propriedade graças à qual ela é para si mesma a sua lei (independentemente da natureza dos objetos do querer)[139]. O princípio da autonomia, portanto, exige que a lei não seja dada pelo objeto e que a vontade não seja determinada por inclinações sensíveis, sob pena de não ser mais legisladora, tornando-se heterônoma. Eis por que no âmbito da ética o móbil é incluído na lei, realizando-se a ação não apenas conforme com o dever, mas por dever. Contrariamente, no plano jurídico o que importa é a conformidade da ação com a lei, como já afirmamos. A consequência é que no direito não se efetiva a autonomia da vontade, visto como admite móbiles que propiciam a heteronomia. Daqui não deriva que

> [...] o direito seja alheio à autonomia da vontade. Ao contrário, desde que toda he-

---

139. *Grundlegung*, Bd. 6, p. 74 (BA 87).

teronomia do arbítrio não fundamente por si mesma nenhuma obrigação, a obrigação jurídica, bem como a exigência de coexistência das liberdades segundo uma lei universal, deve basear-se na razão prática. Apesar dos móbiles do direito o impedirem de realizar a autonomia completamente como a virtude, a coerção jurídica não impede a liberdade; ao contrário, ela serve de impedimento ao obstáculo da liberdade. Deve haver, portanto, algo em comum entre a liberdade como autonomia da ética e a liberdade jurídica[140].

Assim, a liberdade deve realizar-se na moralidade e na legalidade e como, para Kant, agir conforme com o direito é uma exigência da ética, a ação externa da liberdade deve ser efeito da adoção da máxima moral. Isso explica como é possível que a autonomia da vontade seja o fundamento das duas legislações (a moral e a jurídica), sendo o imperativo categórico o princípio supremo da doutrina dos costumes[141]. É inconfutável que a doutrina do direito pertence à metafísica dos costumes, para cujos princípios básicos a noção de autonomia é essencial. Assim, a autonomia atesta a coesão do direito com a ética, inobstante as diferenças já apontadas. Além disso, "tanto a ética quanto o direito afirmam

---

140. Cf. TERRA, Ricardo Ribeiro. "A distinção entre direito e ética na filosofia kantiana". *Filosofia Política*, 4, p. 57.

141. *MdS*, Einleitung, Bd. 7, p. 332 (AB 26, 27).

o vínculo da liberdade com a lei na forma de obediência à lei que foi prescrita pelo homem para si mesmo, provindo a coesão da unidade da razão prática", do que resulta aparecerem as leis jurídicas igualmente às éticas como imperativos, e as ações conforme às leis como deveres[142].

Observamos que, para Kant, o direito concerne tão somente à relação prática externa de uma pessoa com outra, na medida em que suas ações influenciam-se reciprocamente, considerando-se nessa relação de arbítrios não o fim que cada um se propõe para suas ações, mas a forma de sua coexistência segundo uma lei universal. Consignamos, ademais, que essa coexistência é passível de coação externa – por não prescrever o direito o móbil da ação –, que é dirigida contra a arbitrariedade, não contra a liberdade. Pois, como define Kant, liberdade exterior "é a faculdade de não obedecer a nenhuma lei a não ser àquelas a que pude dar meu assentimento"[143]. A liberdade externa – assim como a relação recíproca dos livres-arbítrios – realiza-se na forma do direito. Destarte, o direito, regulando a relação dos livres-arbítrios, deve garantir a liberdade de cada um. Para isso, há de constituir-se em legislação universal, pois a garantia da liberdade de cada um implica a garantia da liberdade de todos. Com isso, a lei da

---

142. TERRA, Ricardo Ribeiro. Op. cit., p. 58-59.
143. *ZeF*, Bd. 9, p. 204 (BA 21).

liberdade determina a união de todos em uma sociedade – na qual seja possível a garantia dos limites dessa liberdade pela coação – regida por uma Constituição civil, como expressão de uma vontade pública. Desse modo, Kant estabelece uma esfera de ação inviolável para o indivíduo, mas, ao mesmo tempo, prescreve uma obediência incondicional à Constituição civil em "uma sociedade na qual a *liberdade sob leis exteriores* encontra-se unida no mais alto grau a um poder irresistível, ou seja, uma *Constituição civil* perfeitamente *justa*"[144]. Tal Constituição promana do conceito de direito; realizá-la é um dever (*o maior problema para a espécie humana, a cuja solução a natureza a obriga, é alcançar uma sociedade civil que administre universalmente o direito*)[145].

---

144. *Idee*, Bd. 9, p. 39 (A 395).
145. Ibid.

Décima lição

Direito natural e direito positivo

Para compreendermos o que pretende Kant, é necessário remontar a noções ínsitas à doutrina do direito. Vimos ali a divisão dos direitos como *preceitos* em *natural* (que se baseia em princípios *a priori*) e *positivo* (que procede da vontade do legislador). Adiante, encontraremos:

> A divisão suprema do direito natural não pode ser a divisão em direito *natural* e social (como sucede às vezes), mas a divisão em direito natural e *civil*: o primeiro denomina-se *direito privado* e o segundo *direito público*. Porque ao *estado de natureza* não se contrapõe o estado social, porém o civil, visto como naquele pode haver sociedade, só que não é civil (que assegura o meu e o teu mediante leis públicas); daí que o direito no primeiro caso chama-se privado[146].

---

146. *Rechtslehre*, p. 350 (AB 52).

Claro fica que o direito positivo (público) existe apenas quando o Estado é constituído. O direito natural (privado) é anterior ao Estado[147].

Sobreleva notar que Kant separa o direito privado do direito público, colocando-os em *status* distintos. Ao fazer isso, Kant vê-se obrigado a encontrar uma fórmula que garanta o valor jurídico do direito privado. Com efeito, se ao direito está vinculada a coação, como falar dela onde não existe ainda um poder superior aos indivíduos? Kant resolve o problema afirmando que o estado de natureza é um estado jurídico, mas *provisório*; o estado civil é um estado jurídico *peremptório*[148]. O estado de natureza é *provisório* porque nele existem os institutos do direito privado, mas não podem ser garantidos, porquanto não existe uma autoridade constituída; inversamente, o estado civil é *peremptório* porque nele os institutos de direito privado, assim como os de direito público, podem ser assegurados pela existência de um poder comum.

---

147. A legitimação do Estado é dada por sua tarefa de garantir o meu e o teu, que o eram apenas provisoriamente no estado de natureza. Esse Estado não é histórico, mas uma ideia da razão, e como o direito nele existente promana da vontade do legislador, não há em Kant nem jusnaturalismo nem juspositivismo, mas um direito racional ou um jusracionalismo. Abordamos filosoficamente a questão, procurando deixar claro que a distinção entre direito natural e direito positivo conduz à diferenciação entre um direito pré-estatal e um direito estatal.

148. *Rechtslehre*, § 9, p. 366-367 (AB 74, 75, 76); § I5, p. 375 (AB 87, 88).

Como adverte Bobbio,

> dizendo que o estado de natureza é provisório, Kant quer dizer que segundo a sua mesma Constituição, ou seja, pela falta de uma coação organizada e, portanto, de uma garantia comum das respectivas liberdades externas dos indivíduos singulares, não está destinado a durar. É um estado cujo destino é levar ao estado civil, o que somente pode durar uma vez organizado o poder coercitivo[149].

Resta observar que, para Kant, o Estado não é instituído para anular o direito natural, mas para tornar possível seu exercício mediante a coação organizada. O direito positivo e o direito natural não são antitéticos, pois mantêm uma relação de integração. A diferença entre eles não é substancial, mas formal. De tal sorte que quando Kant assinala

> [...] como provisório o estado de natureza e como peremptório o estado civil, indica claramente que a modificação, ainda que importante, não é substancial mas formal. Seria possível dizer-se que, após a constituição do estado civil, o direito torna-se *formalmente público*, ainda que continue sendo substancialmente privado, ou seja, natural. É possível falar-se também, segundo essa concepção, de uma verdadeira

---

149. Cf. BOBBIO, Norberto. *Direito e estado no pensamento de Emanuel Kant*, p. 88.

recepção do direito privado, entendido como direito natural, no direito estatal, e finalmente do direito positivo como *direito natural + coação*[150].

Dessa forma, consignamos que todo o sistema da filosofia jurídica de Kant tem como fulcro o direito natural considerado como único direito inato: a liberdade, "este direito único, originário, próprio de cada homem, pelo simples fato de ser homem"[151]. Assim, o conceito kantiano do direito repousa sobre a ideia de liberdade. Contudo, é inobscurecível que o conceito de liberdade por si só não basta para constituir o conceito concreto de direito. Se por sua função ideal o Estado aponta para a esfera da liberdade, por sua existência efetiva e sua realização histórica move-se, pelo contrário, dentro da órbita da coação. O conceito de coação leva em si a premissa e a preparação necessárias para o conceito de *direito*. Com efeito, segundo Kant, o que distingue o dever moral do dever jurídico é precisamente o fato de que enquanto o primeiro não se preocupa apenas com a conduta mesma, mas também e sobretudo com sua máxima e móbil subjetivos, o dever jurídico prescinde de semelhantes considerações para julgar somente a conduta como tal, em sua existência e realização objetivas.

---

150. Ibid., p. 120.
151. *Rechtslehre*, p. 345 (AB 45).

Conclusão

Por tudo o que precedentemente se explicitou, podemos inferir que o sistema da metafísica dos costumes foi elaborado por Kant segundo uma exigência crítica, para não recair na metafísica dogmática. Nesse contexto, a metafísica proporciona uma teoria racional, portanto *a priori*, do direito: "A *doutrina do direito*, como primeira parte da doutrina dos costumes, é, pois, aquela para a qual se exige um sistema que surja da razão e que poderia chamar-se *metafísica do direito*"[152].

A doutrina do direito – ou sistema dos princípios do direito –, estabelecida sobre princípios metafísicos, que abstraem todas as condições da experiência, concerne ao aspecto formal do arbítrio, que deve ser limitado nas relações externas segundo as leis da liberdade, prescindindo de todo o fim.

---

152. *MdS*, Vorrede, p. 309 (AB III, IV). "Que Kant é o *homem do direito* não significa que ele é jurista. Certamente, jamais quis sê-lo. Mas fazer-se *homem do direito* é a maneira de dar, como filósofo, uma resposta à questão do *homem*, que está colocado no centro da sua filosofia. Sua doutrina do direito consiste em mostrar como o homem, respeitando a legislação pura prática de sua própria razão, é capaz de institucionalizar sua vida intersubjetiva. A *doutrina do direito* é uma lógica transcendental que culmina no sistema crítico" (cf. GOYARD-FABRE, Simone. *Kant et l'idée pure du droit*, p. 154).

Em nossa análise, afirmamos que a liberdade é o conceito que se erige em fulcro de toda construção jurídica kantiana. Isso porque a filosofia prática consubstancia-se em uma filosofia da liberdade. Entretanto – clarificamos –, o caminho percorrido por Kant para determinar a liberdade do homem não teve início pelo conceito prático de liberdade. A questão da liberdade surge na terceira antinomia. Assim, este "é um conceito puro da razão que, precisamente por isso, é transcendente para a filosofia teórica"[153], visto como não é demonstrável por qualquer experiência possível, não podendo ser conhecida como tal. Nessa ideia transcendental de liberdade, que deixa o caminho aberto à lei do dever, fundamenta-se o conceito prático de liberdade[154], que pressupõe a independência de sua determinação por impulsos sensíveis: "A liberdade no sentido prático é a independência do arbítrio frente à coação dos impulsos da sensibilidade"[155].

Conceito racional que é, não pode ter valor como princípio constitutivo mas apenas no uso regulativo[156], sendo, por isso, meramente negativo. Ao lado

---

153. Ibid., Einleitung, p. 326 (AB 18).
154. *KrV*, Transzendentale Dialetik, Bd. 4, p. 489 (B 562; A 534).
155. Ibid.
156. Constitutivos são os princípios do entendimento, no sentido de os objetos da experiência não poderem ser construídos senão de acordo com eles, conferindo-lhes um valor objetivo. Os princípios da razão têm uso regulador, ou seja, não determinam objeto algum,

desse conceito negativo de liberdade, tratado na *Crítica da razão pura*, há, como vimos, o conceito positivo: a faculdade da razão pura de ser por si mesma prática[157]. As leis práticas, isto é, morais, têm por fundamento esse conceito positivo de liberdade.

Dessa forma, a base de todo o sistema é o conceito de liberdade, que na *Metafísica dos costumes* apresenta-se como propriedade do arbítrio (*freie Willkür*). Daí por que os elementos constitutivos do conceito de direito são a tríade que já mencionamos: a relação exclusivamente exterior entre pessoas; o caráter racional, porquanto se dá como relação entre arbítrios; o formalismo, haja vista não se referir à matéria do arbítrio (o fim concreto que se persegue com a ação), mas à forma da relação dos arbítrios.

De ressaltar-se, nessa contextura, que o imperativo categórico da moral tem a seguinte formulação: "Age apenas segundo uma máxima tal que possas ao mesmo tempo querer que ela se torne lei universal"[158]. Isso significa que o conceito de dever está imediatamente relacionado com a lei. Por sua vez o imperativo do direito predica: "Age exteriormente de tal modo que o uso livre do teu arbítrio possa co-

---

mas servem de regra ao espírito. O entendimento é constitutivo e os seus conceitos dão forma à experiência. A razão é reguladora e as suas ideias orientam a marcha do pensamento para o absoluto. Assim, as ideias ou conceitos da razão são princípios reguladores de que o entendimento se serve para estender e organizar a investigação empírica (*CRP*, Lógica transcendental (B), p. 448).

157. *Mds*, Einleitung, p. 318 (AB 6, 7).

158. *Grundlegund*, Bd. 6, p. 51 (BA 52).

existir com a liberdade de cada um, segundo uma lei universal"¹⁵⁹.

Assim, não se trata, no direito, de apego ao dever por obediência à lei, mas de uma coexistência da própria liberdade do arbítrio de cada um com a liberdade do arbítrio dos demais, em conformidade com a lei. O formalismo da lei exterioriza-se assim como se exterioriza a obrigatoriedade da lei, de sorte que Kant possa declarar que "direito e faculdade de coagir significam a mesma coisa"¹⁶⁰.

Certamente não é possível, no sistema kantiano, entender o direito sem referi-lo, em princípio, ao mundo moral, pois é nessa confrontação que se acha o fio condutor do seu significado. Mas o direito, em Kant, aparece também como um conjunto de leis editadas pelo Estado e com essência fundamentalmente coercível, ou, em termos atuais, um conjunto de normas pragmáticas para o controle social. A coação é, em primeiro lugar, o motivo das obrigações jurídicas e, em segundo lugar, a nota distintiva de toda norma jurídica¹⁶¹.

Destarte, ao lado de um direito referido por princípio ao mundo moral, Kant postula um direito estrito – e que por isso o distingue da moral –, um direito que se impõe como coação geral em concordância

---

159. *Rechtslehre*, Einleitung, § C, p. 338 (A 34; B 35).
160. *Rechtslehre*, Einleitung, § E, Bd. 7, p. 340 (AB 37, 38).
161. LISSER, Kurt. *El concepto del derecho en Kant*, p. 50. Cf. tb. *Der Begriff des Rechts bei Kant*, p. 44.

com a liberdade de cada um, pretendendo demonstrar que é possível, através dele, uma convivência externa dos homens. Desse modo, todo homem tem o direito de coexistir com os outros segundo uma lei universal. E o direito constitui-se em legislação universal para garantia da liberdade de todos. Do fato dessa liberdade decorre que o homem não pode ser considerado meramente meio, porém fim em si mesmo, tornando-se pessoa.

Vislumbramos na postulação kantiana inescondível contributo para as novas concepções acerca de um direito que tenha por finalidade a justiça social, posto que se impõem como primado de sua doutrina jurídica a noção de dignidade humana e um ideal de vida racional para a humanidade. Com isso, a filosofia do direito de Kant parece culminar em uma filosofia da história, porquanto uma república universal, condição da *paz perpétua*, não é apenas objetivo da doutrina do direito, mas o próprio devir histórico da humanidade.

À derradeira, recordemos que o Filósofo da Liberdade – e não apenas das Três Críticas – nos deixou três perguntas fundamentais: Que posso saber? Que devo fazer? Que me é lícito esperar? E nos lança uma quarta questão, que é o resumo das três: Que é o homem?[162]

---

162. *Logik*, Bd. 5, p. 447 (A 25). Cf. tb. FRIEDRICH, Carl Joachim. *La filosofia del derecho*, p. 413.

Podemos considerar, em nossa atualidade, as indagações de Kant e consignar que *sabemos* que o avanço dos direitos e liberdades fundamentais vem sendo reconhecido como parte de uma ordem política bem fundada; afirmar que *devemos* lutar pela efetivação desses direitos básicos, pois ao direito de o homem ser livre corresponde o dever dos demais homens e da sociedade de permitir e tornar possível esse direito, realizando a justiça social; declarar nossa *esperança* de que pelo alcance de um direito internacional, de um Estado mundial de Direito, a liberdade humana venha a prevalecer; patentear, finalmente, a necessidade de que o *homem*, saindo de sua menoridade, reconheça sua cada vez mais crescente responsabilidade perante os outros à medida que seus direitos se ampliam, cabendo-lhe sentir essa responsabilidade como faculdade legisladora de sua razão. Nesse contexto desponta a liberdade, que aparta o homem da causalidade natural, dando-lhe a possibilidade de ser seu próprio legislador.

REFERÊNCIAS

AFTALIÓN, Enrique R.; OLANO, Fernando Garcia & VILANOVA, José. *Introducción al derecho*. Buenos Aires: Cooperadora de Derecho y Ciencias Sociales, 1972.

ARENDT, Hannah. *Lições sobre a filosofia política de Kant*. Rio de Janeiro: Relume Dumará, 1993.

ARISTÓTELES. *Arte retórica*. São Paulo: Tecnoprint, 1985 (Universidade).

_____. *Ética a Nicômaco*. São Paulo: Abril Cultural, 1979 [Coleção Os Pensadores].

BENNETT, Jonathan. "La crítica de la razón pura de Kant", 2. *La Dialéctica*. Madri: Alianza, 1981.

BOBBIO, Norberto. *Direito e estado no pensamento de Emanuel Kant*. Brasília: UnB, 1984.

BOROWSKI, L.E.; JACHMANN, R.B. & WASIANKI, E.A. *Kant intime*. Paris: Bernard Grasset, 1985.

BOUTROUX, Émile. *Kant*. Lisboa: Inquérito, 1983.

BRITO, José Henrique Silveira. *Introdução à* Fundamentação da metafísica dos costumes *de I. Kant*. Porto: Contraponto, 1994.

CORTINA ORTS, Adela. *Estudio preliminar a la Metafísica de los costumbres*. Madri: Editorial Tecnos, 1989.

ESPARZA, Marisela Parraga de. "Fundamentos de la filosofía jurídica en el neokantismo de Baden". *Revista de Ciencias Sociales de la Facultad de Ciencias Jurídicas, Económicas y Sociales*, n. 20, Valparaíso/Chile, 1982.

FERRATER MORA, José. *Diccionario de filosofía*. Tomo II. Buenos Aires: Sudamericana, 1971.

FERRAZ JR., Tercio Sampaio. *Conceito de sistema no direito*. São Paulo: RT, 1979.

FRIEDRICH, Carl Joachim. *La filosofia del derecho*. México: Fondo de Cultura Económica, 1988.

GOMES, Alexandre Travessoni. *O fundamento de validade do direito* – Kant e Kelsen. Belo Horizonte: Mandamentos, 2000.

GONZÁLEZ VICÉN, Felipe. *Introducción a la teoria del derecho*. Madri: Centro de Estudios Constitucionales, 1978.

GOYARD-FABRE, Simone. *Kant et le problème du droit.* Paris: Librairie Philosophique J. Vrin, 1975.

_____. *Kant et l'idée pure du droit.* Archives de Philosophie du Droit. Paris: Sirey, 1981.

_____. *La responsabilité selon Kant.* Archives de Philosophie du Droit. Paris: Sirey, 1977.

HEGEL, G.W.F. *Lecciones sobre la historia de la filosofía*, v. I, II, III. México: Fondo de Cultura Económica, 1985.

_____. *Enciclopédia de las ciencias filosóficas, I, Lógica.* México: Juan Pablos Editor, 1974.

HOBBES, Thomas. *Diálogo entre un filósofo y un jurista y escritos autobiográficos.* Madri: Editorial Tecnos, 1992.

HÖFFE, Otfried. *Introduction à la philosophie pratique de Kant*: la morale, le droit et la religion. Paris: Librairie Philosophique J. Vrin, 1993.

JASPERS, Karl. *Les grands philosophes.* Paris: Plon, 1990.

KANT, Immanuel. *Doutrina do direito.* São Paulo: Ícone, 1993.

_____. *Opusculares sur l'histoire.* Paris: Flammarion, 1990.

_____. *La metafísica de los costumbres.* Madri: Editorial Tecnos, 1989.

_____. *Lecciones de ética*. Barcelona: Crítica, 1988.

_____. *Crítica da razão pura*. Lisboa: Fundação Calouste Gulbenkian, 1985.

_____. *Die Metaphysik der Sitten*. Wilhelm Weischedel (org.). Aufl: Suhrkamp Taschenbuch Wissenschaft, 190, Bd. 8, 5, 1982.

_____. *Métaphysique des moeurs*. Paris: Librairie Philosophique J. Vrin, 1979.

_____. *Anthropologie du point de vue pragmatique*. Paris: Librairie Philosophique J. Vrin, 1970.

_____. *Grundlegung zur Metaphysik der Sitten*. Karl Vorländer (org.). Hamburg: Der philosophischen Bibliotek, Bd. 41, 1965.

KANT, Immanuel. *Werke in Zehn Bänden*. Wilhelm Weischedel (org.). Darmstadt: Wissenschaftliche Buchgesellschaft, 1956:
Band 3: *Kritik der reinen Vernunft*, Erster Teil.
Band 4: *Kritik der reinen Vernunft,* Zweiter Teil.
Band 5: *Prolegomena*.
Logik.
Band 6: *Grundlegung zur Metaphysik der Sitten*.
Kritk der praktischen Vernunft.
Band 7: *Die Metaphysik der Sitten*.
Die Religion innerhalb der Grenzer der blossen.
Vernunft.

Band 8: *Kritik der Urteilskraft.*
Band 9: *Idee zu einer allgemeinen Geschichte in weltbürgerlicher Absicht.*
Beantwortung der Frage: Was ist Aufklärung?
Über den Gemeinspruch: Das mag in der Theorie richtg sein, taugt aber nicht für die Praxis.
Zum ewigen Frieden. Ein philophischer Entwurf.

LACROIX, Jean. *Kant e o kantismo*. Porto: Rés [s.d.].

LEITE, Flamarion Tavares. *Manual de filosofia geral e jurídica*: das origens a Kant. Rio de Janeiro: Forense, 2006.

_____. *Os nervos do poder*: uma visão cibernética do direito. São Paulo: Max Limonad, 2001.

_____. *O conceito de direito em Kant*. São Paulo: Ícone, 1996.

_____. "O *cogito* em Kant e Husserl". *Revista Brasileira de Filosofia*. São Paulo, v. XXXIX, fasc. 166, 1992.

_____. "A responsabilidade em Kant e Lévinas". *NOMOS, Revista dos Mestrados*. Fortaleza, v. 9-10, 1991.

LISSER, Kurt. *Der Begriff des Rechts bei Kant*. Vaduz/Liechtenstein: Topos Verlag AG/Kant-Studien, n. 58, 1978.

_____. *El concepto del derecho en Kant*. México: Universidad Nacional Autónoma de México, 1959.

MALUSCHKE, Günter. "Kant como teórico do Estado Liberal". *Cadernos Liberais*, V/XCII. Brasília: Instituto Tancredo Neves/Fundação Driedrich Neumann, 1991.

NOUR, Soraya. *À paz perpétua de Kant*: filosofia do direito internacional e das relações internacionais. São Paulo: Martins Fontes, 2004.

PASCAL, Georges. *O pensamento de Kant*. Petrópolis: Vozes, 1985.

SANTOS, Leonel Ribeiro dos. *A razão sensível*. Lisboa: Colibri, 1994.

TERRA, Ricardo Ribeiro. "A distinção entre direito e ética na filosofia kantiana". *Filosofia Política*, 4. Porto Alegre/Brasília: LP&M/CNPq/Finep, 1987.

THOMASIUS, Christian. *Fundamenta iuris naturae et gentium*. Madri: Editorial Tecnos, 1994 [Trad. Salvador Rus Rufino & Maria Asunción Sánchez Manzano].

COLEÇÃO 10 LIÇÕES
Coordenador: *Flamarion Tavares Leite*

– *10 lições sobre Kant*
  Flamarion Tavares Leite
– *10 lições sobre Marx*
  Fernando Magalhães
– *10 lições sobre Maquiavel*
  Vinícius Soares de Campos Barros
– *10 lições sobre Bodin*
  Alberto Ribeiro G. de Barros
– *10 lições sobre Hegel*
  Deyve Redyson
– *10 lições sobre Schopenhauer*
  Fernando J.S. Monteiro
– *10 lições sobre Santo Agostinho*
  Marcos Roberto Nunes Costa
– *10 lições sobre Foucault*
  André Constantino Yazbek
– *10 lições sobre Rousseau*
  Rômulo de Araújo Lima
– *10 lições sobre Hannah Arendt*
  Luciano Oliveira
– *10 lições sobre Hume*
  Marconi Pequeno
– *10 lições sobre Carl Schmitt*
  Agassiz Almeida Filho
– *10 lições sobre Hobbes*
  Fernando Magalhães
– *10 lições sobre Heidegger*
  Roberto S. Kahlmeyer-Mertens
– *10 lições sobre Walter Benjamin*
  Renato Franco
– *10 lições sobre Adorno*
  Antonio Zuin, Bruno Pucci e Luiz Nabuco Lastoria
– *10 lições sobre Leibniz*
  André Chagas
– *10 lições sobre Max Weber*
  Luciano Albino
– *10 lições sobre Bobbio*
  Giuseppe Tosi

- *10 lições sobre Luhmann*
  Artur Stamford da Silva
- *10 lições sobre Fichte*
  Danilo Vaz-Curado R.M. Costa
- *10 lições sobre Gadamer*
  Roberto S. Kahlmeyer-Mertens
- *10 lições sobre Horkheimer*
  Ari Fernando Maia, Divino José da Silva e Sinésio Ferraz Bueno
- *10 lições sobre Wittgenstein*
  Gerson Francisco de Arruda Júnior
- *10 lições sobre Nietzsche*
  João Evangelista Tude de Melo Neto
- *10 lições sobre Pascal*
  Ricardo Vinícius Ibañez Mantovani
- *10 lições sobre Sloterdijk*
  Paulo Ghiraldelli Júnior
- *10 lições sobre Bourdieu*
  José Marciano Monteiro
- *10 lições sobre Merleau-Ponty*
  Iraquitan de Oliveira Caminha
- *10 lições sobre Rawls*
  Newton de Oliveira Lima
- *10 lições sobre Sócrates*
  Paulo Ghiraldelli Júnior